Inhalt

Ruhe finden 45

Kraft schöpfen 99

Urlaub
auf der
Seeleninsel

Ronald P. Schweppe · Aljoscha A. Schwarz

Urlaub auf der Seeleninsel

99 Kurztrips nach innen

- → Ruhe finden
- → Kraft schöpfen
- → Das Wesentliche entdecken

Kösel

Hinweis
Dieses Buch dient der Information und Selbsterfahrungt. Es soll jedoch medizinischen Rat nicht ersetzen! Im Zweifelsfall oder bei bestehenden Beschwerden ist es sinnvoll, den Rat einer qualifizierten Fachperson einzuholen

3. Auflage 2003

Illustrationen im Innenteil sowie auf der Umschlaginnen- und -rückseite: Wolfgang Pfau, Baldham
Druck und Bindung: Kösel, Kempten
Umschlag: Kosch Werbeagentur GmbH, München
Umschlagmotiv: ZEFA/Fiala
ISBN 3-466-34464-6

Gedruckt auf umweltfreundlich hergestelltem Werkdruckpapier (säurefrei und chlorfrei gebleicht)

Das Wesentliche entdecken 151

Ein Wort vorab

Liebe Leserin, lieber Leser, in jedem Augenblick unseres Lebens haben wir die Möglichkeit, positive Veränderungen herbeizuführen. Wann immer wir uns unwohl fühlen, wann immer die Dinge uns über den Kopf wachsen, sollten wir den Kurs ändern. Nur wenn wir offen sind, etwas Neues auszuprobieren, können wir uns aus beengenden inneren oder äußeren Verhältnissen befreien.

Zweifellos kennen auch Sie Momente, in denen Sie alles auf der Stelle stehen und liegen lassen möchten. In diesen Augenblicken wünschen wir uns nichts sehnlicher, als endlich einmal zur Ruhe zu kommen und durchatmen zu können.

Im Alten China sprachen die Weisen davon, wie wichtig es sei, den »Lärm der Welt« zu vergessen. Doch wie schwer ist das heute für uns geworden ... Hektik und Hetzerei scheinen zum normalen Alltag zu gehören. Und wenn Sie sich ein wenig umsehen, werden Sie überall auf Menschen treffen, die sich gestresst fühlen und schon bei Kleinigkeiten die Nerven verlieren.

Sollten Sie selbst überfordert sein und sich nicht mehr wohl in Ihrer Haut fühlen, wird es Zeit, etwas zu ändern. Wie gut täte es jetzt, einfach Urlaub zu machen. Doch leider können wir es uns nur selten leisten, das nächste Flugzeug zu nehmen und die Arbeit ruhen zu lassen. Was können wir also tun?

Mit diesem Buch möchten wir Sie zu einem ganz besonderen Urlaub einladen. Wir möchten Ihnen *99 Kurztrips nach innen* zeigen, die Sie schnell und sicher zu Ihrer eigenen Mitte zurückführen. Auch wenn es inzwischen als normal oder sogar als schick gilt, gestresst zu sein, ist dies doch nicht unser natürlicher Zustand! In Ihrem natürlichen Zustand sollten Sie sich ganz entspannt, ausgeglichen und rundum wohl fühlen. Wann immer Sie also aus diesem natürlichen Gleichgewicht geraten, können Sie einen der *99 Kurztrips nach innen* wahrnehmen.

Alle angebotenen Techniken helfen, den Lärm der Welt zu vergessen, zur Ruhe zu kommen und neue Energie zu schöpfen. Zwar wird keiner der 99 Ausflüge Sie nach Mallorca bringen, doch dafür werden alle Sie innerhalb weniger Minuten auf Ihre einzigartige Seeleninsel führen. Und nur hier – in Ihrem eigenen Kraftzentrum – können Sie wirkliche Geborgenheit erfahren.

Die Seeleninsel ist der schützende Ort, der mitten in Ihrem Herzen liegt.

Wenn Sie
- sich *wirklich* erholen möchten,
- mit Ihrer Energie am Ende sind,
- Inspiration und Entspannung suchen,
- sich nach mehr Klarheit und Licht sehnen,

dann brauchen Sie offensichtlich einen *ganz* besonderen Urlaub! Und diesen Urlaub können Sie nicht im Reisebüro buchen ...

Ein schönes Gedicht von Friedrich Schiller drückt das übrigens ganz ähnlich aus. Zu Schillers Zeiten gab es zwar noch keine Reisebüros, wohl aber die Sehnsucht nach Freiheit und Geborgenheit:

»Ach, umsonst auf allen Länderkarten
spähst du nach dem seligen Gebiet,
wo der Freiheit ewig grüner Garten,
wo der Menschheit schöne Jugend blüht.
In des Herzens heilig stille Räume
mußt du fliehen aus des Lebens Drang.
Freiheit ist nur in dem Raum der Träume ...«

Der etwas andere Reiseführer …

Das beste aller Güter, wenn es überhaupt Güter gibt, ist die Ruhe, die Zurückgezogenheit und ein Plätzchen, das man sein eigen nennen kann.

La Bruyère

»In des Herzens heilig stille Räume« führt die Reise, um die es in diesem Buch geht. Der »Ort«, von dem Schiller da spricht, liegt überaus nahe. Und dennoch: Gerade das scheinbar so Naheliegende ist oft besonders schwer zu erreichen.

Wenn Sie in ein fremdes Land reisen, werden Sie vermutlich zuerst einmal einen Blick in einen entsprechenden Reiseführer werfen. Doch auch für die »Reise nach innen« kann ein kleiner Reiseführer durchaus nicht schaden. Wie jeder Reiseführer, so dient auch *Urlaub auf der Seeleninsel* dazu, lohnenswerte Ziele zu erreichen und dabei unnötige Umwege zu vermeiden. Dennoch ist das Buch, das Sie gerade in den Händen halten, natürlich kein gewöhnlicher Reiseführer.

Vielmehr ist *Urlaub auf der Seeleninsel*

- ein Reisehandbuch, das Ihnen helfen kann, zur Ruhe zu kommen, neue Kräfte zu sammeln und die Dinge wieder klar zu sehen;
- eine Wegbeschreibung zu mehr Harmonie und Gelassenheit;
- eine Sammlung effektiver Reiserouten, die nach innen führen und Ihnen einen wohltuenden Abstand zu den Alltagsproblemen ermöglichen.

Wenn Sie gesund bleiben wollen, und zwar nicht nur körperlich, sondern auch seelisch, müssen Sie eine Kunst anwenden, die heute nur noch wenige Menschen beherrschen: Sie müssen die Fähigkeit besitzen, sich zu entspannen, vollkommen abzuschalten und sich auf das Wesentliche zu konzentrieren. Das ist außerordentlich wichtig für Ihr inneres Gleichgewicht! Daher sollten Sie jede Möglichkeit nutzen, sich nach innen – auf Ihre Seeleninsel – zurückzuziehen.

Jeder braucht täglich dringend etwas Entspannung und Muße, um wieder zu sich selbst kommen zu können.

Sie sind keine Maschine, kein Roboter. Sie können nicht einfach ein Kabel in die Steckdose stecken und rund um die Uhr funktionieren. Und selbst wenn Sie es könnten, sollten Sie es nicht tun! Sie würden dabei viel verpassen und viele Chancen versäumen, denn:

- Wenn Sie den Mut haben, sich um Ihre *wirklichen* Bedürfnisse zu kümmern, müssen Sie Ihre wertvolle Zeit nicht mit Ersatzbefriedigungen verschwenden.
- Wenn Sie anfangen, die Kraft zu spüren, die in der Stille liegt, wird Ihr Leben neu erblühen.
- Wenn Sie erkennen, wer Sie wirklich sind, ist das schöner, als Sie es sich je erträumt haben.

Ausgeglichenheit, innere Ruhe, Energie für die täglichen Aufgaben, Lebensfreude, Heiterkeit und die Kunst, sich inmitten einer immer hektischer werdenden Welt auf das Wesentliche zu beschränken – alle diese Fähigkeiten und Qualitäten können gepflegt und entwickelt werden.

Überlassen Sie es nicht dem Zufall, ob Sie gut oder schlecht gelaunt, glücklich oder unglücklich sind.
Sie können viel mehr für sich tun, als Sie glauben!

Mit diesem Buch möchten wir Ihnen zeigen, *wie* Sie etwas für sich tun können. Die *99 Kurztrips nach innen*, zu denen wir Sie auf den folgenden Seiten einladen, zeigen Ihnen, *wie* Sie zwischendurch abschalten, *wie* Sie Ihren Energiepegel erhöhen und *wie* Sie sich auf das Wesentliche konzentrieren können.

Reif für die Insel?

> *Wenn man beginnt, seinem Passfoto ähnlich zu sehen, sollte man in Urlaub fahren.*
>
> EPHRAIM KISHON

Möchten Sie wissen, ob Sie reif für Ihre Seeleninsel sind? Dann sollten Sie sich jetzt ein wenig Zeit nehmen: Suchen Sie sich ein gemütliches Plätzchen; setzen oder legen Sie sich zum Beispiel aufs Sofa, entspannen Sie sich, schließen Sie die Augen und beantworten Sie kurz die folgenden Fragen:

- Wie geht es mir im Moment?
- Bin ich eigentlich glücklich?
- Bin ich zufrieden damit, wie mein Leben in letzter Zeit läuft?
- Verfolge ich Ziele, die sich lohnen?
- Finde ich Erfüllung in meiner Partnerschaft, meinen Freundschaften und in meinem Job?
- Habe ich schon die Menschen gefunden, die wirklich zu mir passen und mich unterstützen?
- Fühle ich mich körperlich wohl und bin ich seelisch ausgeglichen?

Versuchen Sie, die Fragen möglichst spontan zu beantworten. Denken Sie daran: Es geht jetzt nur um Sie selbst – niemand hört Ihnen zu, Sie können also vollkommen ehrlich und aufrichtig sein. Horchen Sie in sich hinein ...

Die Antworten, die aus Ihrem Inneren aufsteigen werden, verraten Ihnen, ob *Urlaub auf der Seeleninsel* das richtige Buch für Sie ist, denn *wenn Ihre Antworten ungefähr folgendermaßen lauten:*

☺ Mir geht's prima. Ich bin rundum mit mir und meinem Leben zufrieden.
☺ Ich habe jede Menge Energie; ich bin aktiv und fühle mich sehr lebendig.
☺ Ich bin die Ruhe in Person. Selbst in schwierigen Situationen bleibe ich gelassen.
☺ Es fällt mir leicht, jederzeit und überall abzuschalten und mich zu entspannen.
☺ Ich kenne meine Ziele genau und weiß, was ich will und was nicht.
☺ Meine positive, kraftvolle Ausstrahlung färbt auf meinen Partner, meine Kinder, Freunde, Kollegen und sogar auf meinen Hund ab.
☺ Ich spüre, dass mein Leben genau so läuft, wie ich es mir wünsche und vorstelle!

... dann gratulieren wir Ihnen von Herzen! Sie können das Buch gern einfach mal durchblättern, sich vielleicht zusätzlich die ein oder andere Anregung holen und es dann gut aufheben, für den Fall, dass »härtere Zeiten« kommen. In der Zwischenzeit lassen Sie aber vielleicht auch mal jemanden hineinlesen, der »reif für die Insel« ist, oder Sie schenken ihm sogar ein Exemplar.

Andererseits ist es natürlich auch gut möglich, dass Sie die Fragen anders beantworten werden. Zum Beispiel so:

☹ Eigentlich geht es mir nicht so gut. Etwas mehr Abstand zum Alltagsstress und den täglichen Problemen würde mir wirklich nicht schaden.
☹ Ich hätte gerne mehr Energie und fühle mich oft kraftlos – vielleicht werde ich ja allmählich alt ...

- ☹ Ich bin mir oft nicht im Klaren darüber, ob ich auf dem richtigen Weg bin und ob die Ziele, die ich verfolge, den Aufwand überhaupt wert sind.
- ☹ In meiner Arbeit fühle ich mich regelmäßig total überfordert.
- ☹ Ich kann mich schwer entspannen und manchmal schlafe ich schlecht.
- ☹ Ich fühle mich in meiner Haut oft nicht mehr wohl. Meine Gesundheit lässt ebenfalls zu wünschen übrig.
- ☹ In meinen Beziehungen läuft vieles nicht optimal.

... in diesem Fall beginnen Sie am besten gleich mit der Lektüre und lernen einige Möglichkeiten kennen, um ausgeglichener und energievoller zu leben.

Die »innere Wetterkarte«

Wann macht es am meisten Spaß, in die Sonne zu fliegen? Natürlich wenn es hierzulande trüb, grau, regnerisch und kalt ist! Wer es sich leisten kann, wird also nicht im August, sondern im November in die Karibik fliegen, denn im Sommer lässt es sich auch bei uns ganz gut aushalten.

Mit der Reise auf die Seeleninsel buchen Sie die Sonne, ganz unabhängig von der Jahreszeit, ebenfalls gleich mit: Bei Bedarf können Sie sich *jederzeit* in Ihr Kraftzentrum zurückziehen, um zur Ruhe zu kommen oder mehr Klarheit zu gewinnen. Und auch wenn in Ihrem Leben alles prima läuft, Sie glücklich, zufrieden und ausgeglichen sind, kann es nicht schaden, immer wieder mal den ein oder anderen der 99 Ausflüge, die in diesem Buch beschrieben werden, zu unternehmen.

Ihre Stimmungen und Ihr körperlicher Zustand helfen Ihnen, Ihre »innere Wetterkarte« zu deuten. Stehen die Zeichen dort auf Sturm, wird es Zeit, in sonnigere Gefilde zu fliehen. Wenn Ihnen der Alltag grau in grau erscheint oder Ihnen private und berufliche Probleme wie Orkanböen um die Ohren wehen, sollten Sie schleunigst das Weite (oder in diesem Fall besser gesagt »das Nahe«) suchen ...

Die »innere Wetterkarte« ist leicht zu lesen: Nicht nur Ihr Körper, auch Ihre Gefühle und Gedanken senden 24 Stunden am Tag Signale aus. Doch nur wenn Sie diese Signale verstehen und richtig auswerten, wissen Sie *wirklich*, wie es Ihnen geht!

Einige Signale sind sehr eindeutig. Bei bohrenden Zahnschmerzen werden Sie sicher schnell einen Zahnarzt aufsuchen. Doch es gibt auch viele andere Anzeichen dafür, dass es höchste Zeit wird, sich einmal um sich selbst zu kümmern. Dazu gehören nicht nur Schmerzen oder Muskelverspannungen, sondern auch Probleme mit Ihrem Partner/Ihrer Partnerin, Stimmungsschwankungen, Mattigkeit, Lustlosigkeit usw.

Urlaub auf Ihrer Seeleninsel steht auch an, wenn Sie sich beispielsweise immer öfter sagen:

☹ »Alle wollen immer irgendetwas von mir.«
☹ »Ich weiß nicht mehr, wo mir der Kopf steht. Zurzeit geht es wieder mal drunter und drüber.«
☹ »Das war ja klar, dass das wieder ausgerechnet mir passieren musste.«
☹ »Ich werde immer ausgenutzt! Und wer kümmert sich um mich?«

Niemand! Kein Mensch wird sich um Sie kümmern, wenn Sie es nicht selbst tun! Das ist »leider« die Wahrheit – oder sollte man besser sagen: Das ist »glücklicherweise« die Wahrheit? Immerhin müssen Sie jetzt nicht darauf warten, dass irgendjemand Sie vielleicht irgendwann irgendwie retten wird.

Retten Sie sich selbst! Nur Sie selbst können wirklich etwas für sich tun. Sie brauchen dabei keinerlei fremde Hilfe, denn alle Möglichkeiten liegen in Ihrem eigenen Herzen.

Gegen schlechtes Wetter sind Sie relativ machtlos. Wenn es regnet können Sie einen Schirm aufspannen, bei klirrender Kälte einen dicken Mantel anziehen – viel mehr lässt sich aber nicht machen. Auf Ihr inneres Klima können Sie hingegen sehr wohl großen Einfluss ausüben.

Dazu ist es zunächst wichtig, einen genauen Blick auf Ihren momentanen Zustand zu werfen: Im Folgenden sind einige »Alarmglocken« aufgeführt – körperliche und seelische Warnsignale, die auf Stress und Unausgeglichenheit hindeuten. Einige dieser Alarmglocken schrillen laut und deutlich, andere klingeln nur sehr leise. Sie alle zeigen jedoch an, dass sich »Tiefausläufer« auf Ihrer inneren Wetterkarte ausbreiten:

Alltägliche Alarmglocken, die Überforderung und innere Unruhe signalisieren:

- Blässe
- Ringe unter den Augen
- Nägelkauen
- Fingertrommeln, nervöse Bewegungen mit den Händen
- auf dem Stuhl hin und her rutschen
- mit den Füßen wippen oder zappeln
- Zigaretten rauchen
- mit der Fernbedienung durch die TV-Programme zappen
- übermäßiges Schwitzen, feuchte Hände
- unruhige, flache Atmung

Körperliche Alarmglocken, die auf Stress hinweisen:

- Muskelverspannungen, Nackenschmerzen
- Kopfschmerzen
- Migräne
- hoher Blutdruck
- Immunschwäche, häufige Erkältungen

- Muskelzuckungen im Gesicht
- Atemnot, Asthma
- Gelenkschmerzen
- schneller Puls, Herzklopfen
- nervöser Magen, Magengeschwüre
- Durchfall, Blähungen
- Rückenschmerzen
- Allergien und Hautausschläge

Seelisch-geistige Alarmglocken, die auf innere Unausgeglichenheit hinweisen:

- Schlaflosigkeit, Ein- und Durchschlafstörungen
- schwache Nerven
- Weinanfälle
- häufige Müdigkeit und Erschöpfung
- Albträume
- Drogen-, Nikotin- und/oder Alkoholsucht
- Konzentrationsschwäche, Vergesslichkeit
- Sorgen, Grübelei
- Ängste, Panikattacken
- Gefühl, wie gelähmt zu sein
- depressive Verstimmungen
- Gewichtsprobleme, Essstörungen
- sexuelle Lustlosigkeit

Falls Ihnen einige der aufgeführten Punkte bekannt vorkommen, sollten Sie jetzt ein Gegengewicht schaffen: Pflegen Sie Qualitäten wie Ruhe, Kraft und Klarheit, indem Sie einige der 99 Ausflüge unternehmen und auf Ihre Seeleninsel reisen. Dadurch können Sie in kürzester Zeit blauen Himmel und Sonnenschein in Ihr Gemüt zaubern.

Sie können Ihr inneres Klima selbst gestalten. Negative Gedanken und getrübte Stimmungen haben keine Macht über Sie, wenn Sie es nicht zulassen.

»Reif für die Seeleninsel?« – Ein schneller Test

Wird es Zeit für Sie, die Koffer zu packen? Sollten Sie sich so bald wie möglich auf den Weg zu Ihrer Seeleninsel machen? Lohnt es sich für Sie, Techniken anzuwenden, die Ihnen helfen, abzuschalten und sich tief und gründlich zu entspannen? Sollten Sie sich ab heute mehr auf die wesentlichen Dinge im Leben konzentrieren?

Wenn Sie auch nur einen der folgenden Sätze ankreuzen müssen, dann lautet die Antwort auf diese Fragen zweifellos »Ja«!

- ❐ Ich bin gestresst, nervös und unruhig.
- ❐ Ich fühle mich erschöpft, unmotiviert und/oder ausgepowert.
- ❐ Ich bin nicht (oder nicht mehr) ganz glücklich.
- ❐ Ich brauche dringend Urlaub, habe aber zu wenig Zeit, zu wenig Geld oder weder Geld noch Zeit für eine Reise.
- ❐ Ich habe keine Lust auf anstrengenden Massentourismus und möchte lernen, mitten im Alltag Urlaub zu machen.

Nicht in die Wüste, sondern ins Paradies fliegen

Nirgends strapaziert sich der Mensch so sehr wie bei der Jagd nach Erholung.

HORST STERN

Was machen Sie, wenn Sie überarbeitet sind oder die Belastungen des Alltags immer schwerer auf Ihren Schultern lasten? Natürlich werden Sie versuchen, irgendetwas zu unternehmen. Es gibt viele verschiedene Möglichkeiten, mit Stress, Überforderung und Frust umzugehen – gute und schlechte.

Wenn Sie Glück, Zufriedenheit, Ausgeglichenheit und Energie für Ihr Leben suchen, sollten Sie natürlich einen möglichst effektiven Weg einschlagen. Sie werden Ihr Ziel nämlich nie erreichen, wenn Sie auf den Abgrund zusteuern.

Leider wirken sich viele Verhaltensmuster, die wir uns angewöhnt haben, um Stress abzubauen, auf lange Sicht zerstörerisch auf Körper und Seele aus. Wann immer wir unsere innere Harmonie durch Ablenkungen, Zerstreuung und Betäubungen aller Art wiederherzustellen versuchen, werden wir uns selbst dabei nur noch mehr verlieren.

> Die Jagd nach Erholung kann zur größten Falle werden. Der Wunsch, glücklich zu werden, kann gewaltiges Unglück erzeugen.

Jeder Mensch wünscht sich, glücklich zu sein. Im Grunde hängt daher alles, was wir tun, in irgendeiner Weise mit unserer Sehnsucht nach Glück zusammen. Ob wir nun eine Familie gründen, uns von unserem Partner trennen, für ein neues Auto sparen, Karriere machen oder unseren Job kündigen – letztlich versuchen wir bei all unseren Entscheidungen immer, unser Leben angenehmer, befriedigender und schöner zu gestalten. Oder aber wir versuchen, vor dem Unerfreulichen, Schmerzhaften und Unangenehmen zu fliehen, was ja auch eine Möglichkeit ist, glücklich zu werden.

Bei unseren Mitmenschen sieht es nicht anders aus. Auch sie tun, was sie können, um ihr Glück zu finden. Selbst wer sich regelmäßig betrinkt oder Drogen konsumiert, tut dies nicht, um seinen Körper zu zerstören, sondern weil er hofft, seinen Problemen dadurch entkommen zu können. Leider nützt jedoch die positive Absicht wenig, wenn die falschen Mittel angewendet werden.

Der *Wunsch* nach Glück und Harmonie ist gut, er reicht aber nicht aus: Wir müssen auch über die *richtigen Methoden* verfügen. Wenn wir in die falsche Richtung gehen, können wir unser Ziel einfach nicht erreichen, so schnell wir auch laufen!

Sie haben die falsche Route gewählt,

- wenn Sie bewusst oder unbewusst »Methoden« anwenden, die Sie nur kurzzeitig ablenken können;
- wenn Sie es sich angewöhnt haben, vor Problemen wegzulaufen (die Probleme haben längere Beine – sie werden Sie garantiert einholen ...);
- wenn Sie versuchen, sich zu betäuben, um dem Leben seine Härte zu nehmen;
- wenn Sie täglich Alkohol trinken, um Trost, Entspannung oder Wärme zu erfahren;
- wenn Sie von Nikotin abhängig sind und täglich Zigaretten rauchen;
- wenn Sie Drogen wie Kokain, Marihuana oder Opiate konsumieren;
- wenn Sie Beruhigungsmittel nicht kurzzeitig, gezielt und auf ärztliche Anordnung, sondern als regelmäßiges Betäubungsmittel zu sich nehmen;

- wenn Sie viele Stunden Ihrer wertvollen Lebenszeit vor dem Fernseher sitzen oder im Internet surfen und hier vor allem Ablenkung und Unterhaltung suchen;
- wenn Sie versuchen, emotionale Bedürfnisse über das Essen zu befriedigen und infolgedessen übergewichtig und esssüchtig sind;
- wenn Sie sich bis über beide Ohren mit Arbeit zudecken und im Grunde nur auf der Flucht vor sich selbst sind.

Alle Wege, die abhängig machen, nur kurzfristig befriedigen, Energie rauben, die Gesundheit zerstören oder über kurz oder lang Stress erzeugen, sind Sackgassen. Den richtigen Weg erkennen Sie daran, dass Sie sich auf ihm ständig weiterentwickeln und sich rundum wohl fühlen.

Wenn Sie ins Paradies wollen, sollten Sie nicht in die Wüste fliegen. Der Weg zu Geborgenheit, Gelassenheit und Lebensfreude führt nach innen. Betäubung, Sucht, Ablenkungen und noch so viele Reize können Sie daher nie wirklich zufrieden stellen.

Natürlich werden Sie auch mal die falsche Richtung einschlagen; irren ist schließlich menschlich! Sobald Sie allerdings merken, dass Sie nicht weiterkommen, sollten Sie umkehren und neue Wege beschreiten. Durch die *99 Kurztrips nach innen* haben Sie viele Möglichkeiten in der Hand, um negative Gewohnheiten abzulegen und effektive Glücks-Strategien anzuwenden.

Für einen Kurswechsel ist es nie zu spät; ganz im Gegenteil: Kein Moment eignet sich dafür besser als der jetzige ...

Warum in die Ferne schweifen?

Wenn man seine Ruhe nicht in sich findet, ist es zwecklos, sie andernorts zu suchen.

La Rochefoucauld

Sie müssen nicht gleich in die Karibik fliegen. Sie brauchen keine 10 Stunden in irgendeinem überfüllten Flugzeug zu sitzen. Sie müssen sich nicht über unfreundliche Ober, Wassermangel in den Duschen, überteuerte Cocktails und überfüllte Strände ärgern. Um zu finden, was Sie wirklich suchen, müssen Sie nicht einmal Ihre Wohnung verlassen!

Kennen Sie das Gedicht von Goethe?

»Willst du immer weiter schweifen?
Sieh, das Gute liegt so nah.
Lerne nur das Glück ergreifen:
Denn das Glück ist immer da.«

Nicht in der Ferne liegt das Glück, sondern direkt vor unserer Nase; ja nicht einmal vor unserer Nase, sondern tief in unserem Inneren. In unserem Herzen, unserem Zentrum, mitten in unserer eigenen Seele.

Das menschliche Bewusstsein ist darauf ausgerichtet, seine Aufmerksamkeit nach außen zu richten. Tagein, tagaus jagt der Geist in der äußeren Welt umher. Auf diese Weise wird es sehr schwierig, sich selbst zu erkennen. Die Reise zur Seeleninsel führt nach innen. Und nur wer seinen Blick nach innen lenkt, ist in der Lage, das wirklich Wesentliche zu entdecken.

Je mehr wir im Außen suchen, desto schneller vergessen wir, dass die Tür zu unserem Wohlbefinden nach innen aufgeht.

Wollen Sie wissen, wie Sie alle Ihre Probleme lösen können? Möchten Sie ein Glücksrezept kennen lernen, das Ihr ganzes Leben verändern wird? Es hilft bei vielen alltäglichen »Beschwerden«, beispielsweise gegen:

- Mobbing
- Ehestreit
- Schlafstörungen
- Ziellosigkeit
- Stimmungsschwankungen
- unangenehme Mitmenschen
- Kopfschmerzen
- all die großen und kleinen Widrigkeiten unseres Daseins

Dieses Glücksrezept ist schon seit Jahrtausenden bekannt und sehr einfach:

Hören Sie auf, »etwas zu tun«. Ziehen Sie sich zurück. Richten Sie Ihr Bewusstsein nach innen. Sammeln Sie Ihren Geist und lassen Sie nicht zu, dass Reize und Zerstreuungen aller Art Sie aus der Ruhe bringen. Reisen Sie nach innen; reisen Sie auf Ihre Seeleninsel.

Das klingt nicht gerade sensationell, nicht wahr? Vielleicht ist das auch der Grund, warum so wenige Menschen es wirklich ausprobieren ... Das soll alles sein? Einfach nur ruhig werden, sich sammeln, Mut zum Nichtstun haben, die rasante Geschwindigkeit des täglichen Lebens verringern? Entspannung, Muße, Innehalten – sonst nichts?

Genau! Darin besteht der ganze Trick. Und das Gute ist – er funktioniert fantastisch. Sie können so vielen Terminen hinterherhetzen, wie Sie wollen, Reichtümer anhäufen, sich eine Villa kaufen; Sie können eine Party nach der anderen aufsuchen, sich die Nächte um die Ohren schlagen, schlemmen, sich betrinken – vielleicht werden Sie ein paar interessante Erfahrungen machen, aber eines werden Sie dabei nicht: glücklich!

Jeder von uns ahnt, wie befreiend es wäre, anders zu leben. Und je größer der Druck von außen wird, je hektischer das Treiben, desto stärker wird die Sehnsucht nach mehr Ruhe und Geborgenheit. Doch die Sehnsucht genügt leider nicht: Wir müssen uns entscheiden!

Grundsätzlich haben Sie zwei Möglichkeiten:

1. Sie können alles beim Alten belassen. Dann müssen Sie allerdings wohl weiterhin Probleme, Stress, Unzufriedenheit und Erschöpfung in Kauf nehmen.
2. Sie können sich befreien. Dazu müssen Sie Ihre Aufmerksamkeit nach innen lenken und loslassen lernen. Sie müssen sich mehr Zeit für sich selbst nehmen, Ihren Geist von Sorgen und Grübelei befreien und sich auf das Wesentliche konzentrieren.

Wenn Sie die zweite Möglichkeit wählen, sind die 99 Ausflüge, die Sie in diesem Buch kennen lernen, möglicherweise genau das Richtige für Sie. Die Techniken helfen Ihnen, schnell abzuschalten, zur Ruhe zu kommen und Ihre Energietanks wieder aufzuladen.

Ihre Seeleninsel ist immer für Sie da!

»Der körperliche Zustand hängt sehr viel von der Seele ab. Man suche sich vor allem zu erheitern und von allen Seiten zu beruhigen.«

Wilhelm von Humboldt

Wenn Sie sich einmal wirklich entschieden haben, sich auf Ihre Seeleninsel zurückzuziehen, wird Ihnen nichts mehr im Wege stehen. Sie müssen keinen Urlaub beantragen, keinen freien Tag organisieren; Sie brauchen nicht zu warten, bis Ihre Kinder endlich erwachsen sind oder bis Sie genug Geld für eine Reise zusammengespart haben.

Sie haben jederzeit die Möglichkeit, loszulassen, sich zurückzuziehen und die hohe Kunst des »Nichtstuns« zu üben. Und das ist Ihr gutes Recht! Schon der römische Philosoph Seneca bemerkte: »Wir stehen nicht unter der Herrschaft eines Königs. In bezug auf sich selbst hat jeder freies Verfügungsrecht.«

Auf Ihre Seeleninsel können Sie immer fliehen. Dazu brauchen Sie nur die Richtung Ihrer Aufmerksamkeit zu verändern: Schauen Sie nach innen statt nach außen.

Viele scheinbar alltägliche Augenblicke können Sie verzaubern und Ihre Lebendigkeit wecken, wenn Sie sich dafür öffnen. Es gibt unzählige Gelegenheiten, still zu werden, zu meditieren, seine Sinne zu verfeinern und sich dadurch mitten im Alltag auf seine Seeleninsel zurückzuziehen. Zum Beispiel:

- wenn Sie an einem schönen Nachmittag im Park spazieren gehen;
- wenn Sie sich am Abend ins Bett gelegt haben und noch nicht eingeschlafen sind;

- wenn Sie morgens erwachen und noch nicht aufgestanden sind;
- während Sie barfuß im Badezimmer stehen und sich die Zähne putzen;
- wenn Sie im Zug sitzen, aus dem Fenster schauen und die Landschaft vorbeifließen sehen;
- wenn Sie nach einem Saunagang entspannt im Ruheraum liegen;
- wenn Sie mitten in Ihrer Arbeitszeit – während Sie vor dem Computer sitzen – einmal kurz die Augen schließen und tief durchatmen;
- wenn Sie mit dem Fahrrad zum Einkaufen fahren und Ihnen der Herbstwind durch die Haare weht;
- wenn Sie mit einer Wärmflasche auf dem Bauch im Bett liegen;
- wenn Sie einem Menschen, den Sie lieben, in die Augen sehen;
- wenn Sie sich ein Mozart-Violinkonzert anhören;
- wenn Sie an einem lauen Sommerabend im Wald spazieren gehen ...

Lebendigkeit, innere Ruhe und Zufriedenheit sollten nicht eine Sache der Urlaubszeit sein. Es wäre zu schade, wenn Sie sich nur einmal im Jahr eine schöne Zeit gönnen würden. Tatsächlich kann jeder Moment Ihres Alltags zu einer Gelegenheit werden, durchzuatmen und einengende Verhaltensmuster zu durchbrechen. Mit ein wenig Übung gelingt's!

Warten Sie nicht bis zum nächsten Urlaub: Energie, Harmonie und ein klarer Geist sollten an 365 Tagen im Jahr Ihre Begleiter sein!

Rechnen Sie damit, dass Wunder geschehen

> *Einen Tag ungestört in Muße zu verleben heißt einen Tag ein Unsterblicher sein.*
>
> Chinesisches Sprichwort

Die *99 Kurztrips nach innen* dienen allesamt vor allem einem Zweck: Sie helfen Ihnen, ein Gegengewicht zum Alltag zu schaffen! Dieses Gegengewicht ist umso wichtiger, je enger die Falle ist, in der Sie sitzen ...

Die Fallstricke, die die freie Entfaltung Ihrer Seele behindern, haben unterschiedliche Namen: Sie heißen »Routine«, »grauer Alltag«, »Stress«, »Reizüberflutung«, »Überlastung«, »Termindruck«, »Hektik« usw. Je nach Veranlagung werden Sie auf diese Belastungen mit Nervosität, Stimmungstiefs, Verzweiflung, Suchtverhalten, Verkrampfung oder auch mit körperlichen Erkrankungen reagieren.

Wenn Sie spüren, dass Sie sich nicht mehr wohl in Ihrer Haut fühlen, wird es Zeit, eine neue Richtung einzuschlagen. Und je größer der Leidensdruck ist, desto sicherer werden Sie den ersten Schritt tun und aktiv werden. Das heißt nicht, dass Sie nun gleich Ihr ganzes Leben auf den Kopf stellen müssen – das ist ganz und gar nicht nötig. Es geht auch nicht darum, etwas Großartiges zu tun oder sich besonders anzustrengen. Schon ein kleiner Schritt, einige winzige Veränderungen genügen.

Sie müssen keine Therapie machen, brauchen kein Yoga oder Tai Chi zu lernen (wenn Sie's aber tun, umso besser); Sie müssen nicht für einige Wochen ins Kloster gehen (obwohl dies eine sehr wohltuende Erfahrung sein kann). Alles, was nötig ist, sind einige kleine, positive Veränderungen. Leisten Sie sich einfach ein paar

Dinge, die Ihnen gut tun und die Sie sich bisher nicht oder zu selten gegönnt haben:

- Lernen Sie, abzuschalten.
- Beobachten Sie Ihren Atem beim Busfahren.
- Räkeln Sie sich vor dem Aufstehen genüsslich.
- Machen Sie sich morgens jeweils einige Notizen zu den Träumen, die Sie in der Nacht hatten.
- Legen Sie sich nach der Arbeit 5 Minuten aufs Sofa und denken Sie dabei an eine grüne Wiese mit Apfelbäumen ...

Wenn Sie damit beginnen, sich regelmäßig Zeit für sich selbst zu nehmen und sich dem Trubel des Alltags zu entziehen, sollten Sie auf Wunder gefasst sein. Tatsächlich können erstaunliche Dinge passieren, wenn Sie beginnen, mithilfe verschiedener einfacher Methoden in sich hineinzuhören:

Wenn Sie auf Ihre innere Stimme hören, wird Ihre Welt sich schnell verändern. Ihr Leben wird bunter, intensiver und freier sein.

☺ Vielleicht werden Sie seit vielen Jahren zum ersten Mal wieder erfahren, wie schön es ist, körperlich und seelisch entspannt zu sein.
☺ Ihre Kreativität erwacht neu und Sie beginnen, zu malen, zu schreiben oder ein Instrument zu lernen.
☺ Sie erkennen zunehmend, was Ihnen wirklich wichtig ist, und geben zweifelhafte Ziele auf, um sich auf das zu konzentrieren, was Ihnen eher entspricht.
☺ Ihr Körper fühlt sich plötzlich wieder lebendig an. Ihr Atem vertieft sich und Ihre Bewegungen werden fließender und geschmeidiger.
☺ Sie stellen plötzlich fest, dass Beschwerden, die Sie jahrelang quälten, immer seltener auftreten, um schließlich ganz zu verschwinden.
☺ Es fällt Ihnen immer leichter, Ihr Herz zu öffnen, Kontakt zu anderen Menschen aufzunehmen und

Mitgefühl für deren Probleme zu entwickeln, ohne sich selbst dabei zu verlieren.

☺ Sie fühlen sich immer energiegeladener. Sie haben das Gefühl, plötzlich 10 Jahre jünger zu sein, und sehen sich nach neuen, interessanten Tätigkeiten um.

☺ Sie wundern sich, dass sich partnerschaftliche und berufliche Probleme ganz von selbst auflösen. Dabei haben Sie doch nur eines gemacht: Sie haben begonnen, sich mehr Zeit zu gönnen und die Bedürfnisse Ihrer Seele ernster zu nehmen.

Was passiert, wenn Sie mitten im Alltag Inseln der Ruhe und Kraft schaffen? Ganz einfach: Sie werden allmählich aufhören, Probleme zu wälzen und sich aufzureiben. Stattdessen lernen Sie, auf das zu reagieren, was von unmittelbarer Bedeutung ist; dabei bleiben Sie innerlich die ganze Zeit über ruhig und gelassen. Und auf einmal werden sich unerwartete Lösungswege auftun.

Die Palmen, die auf der Seeleninsel wachsen, tragen süße Früchte.

Die Taoisten Chinas kannten das Geheimnis der Stille. Sie sagten: »Wer lernt, loszulassen, dessen Körper ist nicht mehr angespannt. Ist der Körper nicht mehr angespannt, so entstehen Leichtigkeit und heitere Gemütsruhe. Wer seine Kräfte sammelt und in heiterer Gemütsruhe verweilt, strahlt das Licht des Himmels aus.«

Jeder Mensch trägt »das Licht des Himmels« in sich. Damit das Licht zum Strahlen kommt, ist es wichtig, alteingefahrene Gedanken-, Gefühls- und Verhaltensmuster zu durchbrechen. Je öfter Sie sich zurückziehen, um auf Ihre Seeleninsel zu reisen, desto leichter wird Ihnen das fallen. Und in dem Moment, wo Sie wirklich anfangen, neue Schritte zu gehen, werden Dinge passieren, die Ihnen wie Wunder erscheinen ...

Heilung auf der Seeleninsel

> *Da heitere Gemütsruhe Harmonie erzeugt, ist sie das beste Mittel gegen Krankheiten von Leib und Seele.«*
>
> MEISTER CHEN

Alle Wege, die Sie auf Ihre Seeleninsel führen, werden auch Ihre Gesundheit stärken. Ebenso wie Stress und Belastungen krank machen, heilen Stille und Entspannung – zunächst die Seele, dann den Körper. Was immer Ihnen also hilft, Stress und Hektik aus Ihrem Leben zu verbannen, erhöht zugleich Ihr Wohlbefinden und fördert Ihre Gesundheit.

Es ist heute eine anerkannte Tatsache, dass Stress krank macht. Jeder von uns kann am eigenen Leib erfahren, dass seelischer Ballast auch den Körper belastet. Einige Mediziner meinen sogar, dass nahezu jeder körperlichen Erkrankung eine psychische Ursache zu Grunde liegt.

In wissenschaftlichen Untersuchungen konnte nachgewiesen werden, dass alle lebenserhaltenden Funktionen in tiefer Entspannung wesentlich harmonischer ablaufen, als wenn wir in Hektik sind. Versuche mit Meditierenden, Hypnotisierten und Teilnehmern von Autogenem Training zeigten, dass Entspannungsübungen äußerst wirkungsvolle Heilmittel sind. In tiefen Entspannungszuständen entspannt sich nicht nur die Muskulatur: Die Atmung vertieft sich, die Sauerstoffversorgung der Zellen wird verbessert und der Blutdruck kehrt in sein harmonisches Gleichgewicht zurück. Ferner wurde beobachtet, dass das Immunsystem besser arbeitet und dass in entspanntem Zustand sogar Wunden schneller abheilen!

Natürlich sind Medikamente manchmal notwendig, doch sie helfen meist nur kurzfristig. Um die tieferen

Ursachen von Krankheiten aller Art zu beheben, müssen Sie sich die Chance geben, seelische Harmonie zu erfahren. Die Psychosomatik hat die Zusammenhänge zwischen seelischen und körperlichen Vorgängen schon lange erkannt. Doch noch immer wird die Bedeutung der Seele in der Medizin kaum berücksichtigt.

In der Heilkunst des Fernen Ostens weiß man hingegen schon seit Jahrtausenden, was wirkliche Heilung ausmacht. Die taoistischen Ärzte Chinas waren der Ansicht, dass der Körper seine ursprüngliche Harmonie wiedergewinnt, wenn wir anfangen, loszulassen, zu vertrauen und negative Gedanken und Emotionen abzuschalten. Wollen Sie ein einfaches Rezept, das die Heilung jeglicher Erkrankung fördert?

> Kehren Sie an die Quelle zurück, indem Sie Ihre Gedanken zur Ruhe bringen. Je länger Sie an diesem stillen Ort verweilen, desto schneller werden Sie Heiterkeit und Gelassenheit entwickeln. So kann sich die Lebensenergie frei entfalten und Körper und Seele werden geheilt.

Alle 99 Ausflüge helfen dabei, »an die Quelle zurückzukehren«, das heißt wieder bei sich selbst anzukommen. Die Reise zur Seeleninsel ermöglicht es Ihnen, sich vom hektischen Treiben des Alltags nicht mehr aus der Ruhe bringen zu lassen. Und letztlich schützt sie Ihre Seele vor den vielen kraft- und sinnraubenden Einflüssen unserer Zeit.

Wenn Sie lernen, Gelassenheit, Frieden und innere Kraft zu entwickeln, werden Sie nicht mehr so leicht krank. Wer das Geheimnis der Stille kennt, bekommt keinen Herzinfarkt. Wer innere Ruhe und Heiterkeit ausstrahlt, der ist vor psychosomatischen

> Alles, was Sie für Ihr seelisches Wohlbefinden tun, tun Sie auch für Ihren Körper.

Beschwerden sicher. Wer Möglichkeiten anwendet, um seine Lebensenergie zu speichern und zu lenken, kann die Heilung sämtlicher Erkrankungen in hohem Maße unterstützen.

Je weniger Stress Sie zulassen, desto besser wird Ihr Immunsystem arbeiten und desto effektiver wird es Sie vor Krankheiten schützen. Ja mehr noch – der Rückzug nach innen hilft Ihnen sogar, dem Alterungsprozess entgegenzuwirken. Das Wesentliche im Auge behalten, die Ruhe bewahren, die Lebensenergie pflegen – all das sind einfache und bewährte Möglichkeiten, um jung und vital zu bleiben.

Urlaub auf der Seeleninsel hilft Ihnen, still zu werden und Leichtigkeit und Heiterkeit zu entwickeln. Wenn Ihr Körper entspannt und Ihr Geist gesammelt ist, stellt sich die natürliche Harmonie ganz von selbst wieder ein. Sie werden erfahren, dass Entspannung, Meditation und die Konzentration auf das Wesentliche Körper und Seele besser heilen als jede andere Arznei.

Die 3 Hauptrouten zur Seeleninsel

> *Wenn ein Kapitän nicht weiß, welches Ufer er ansteuern soll, dann ist kein Wind der richtige.*
>
> SENECA

Nehmen wir einmal an:

- Sie haben erkannt, dass Stress Ihnen nicht gut tut.
- Sie spüren, dass es Zeit wird, etwas für sich zu tun.
- Sie möchten aus dem alten Trott ausbrechen und Ihrem Leben neuen Schwung geben.
- Sie haben sich vorgenommen, bedrückende Stimmungen, seelische Probleme oder körperliche Beschwerden aus dem Weg zu räumen.

Was machen Sie jetzt? Der Wunsch nach Veränderung ist da. Sie wissen, dass Sie sich jetzt mehr auf sich selbst konzentrieren und zur Ruhe kommen sollten. Sie ahnen, dass ein Urlaub auf Ihrer Seeleninsel genau das Richtige für Sie wäre. Doch *wie* gelangen Sie dorthin?

Ganz einfach: Grundsätzlich gibt es drei empfehlenswerte Routen für alle Reisenden, die sich entschlossen haben, aktiv etwas für ihr Glück zu tun. Sie sind seit Jahrtausenden erprobt. Philosophen, Buddhisten, Taoisten, Mystiker, Psychologen und ganzheitliche Heiler haben schon immer nach Wegen zu innerem Frieden und seelischer Ausgeglichenheit geforscht. Viele unter ihnen sind fündig geworden. Auch wenn ihre Lehren zum Teil sehr unterschiedlich formuliert sind – die Essenz, die Erkenntnisse und Einsichten sind erstaunlich ähnlich.

In diesem Buch ist das Ziel die Seeleninsel, die Sie auf verschiedene Weise erreichen: Sie können es sich auf einem Luxusdampfer bequem machen, oder Sie wählen die sportliche Variante und segeln mit dem Segelboot los oder aber Sie steigen ins Flugzeug. Die drei Hauptrouten, die in diesem Reiseführer beschrieben werden, sind nahe liegend, effektiv und sehr direkt:

1. Ruhe finden – »Die Route der Ruhe«

Sie entspricht der gemächlichen Fahrt auf dem Ozeandampfer. Entdecken Sie Ihre innere Ruhe, indem Sie lernen, Ihren Körper zu entspannen und die Seele baumeln zu lassen.

2. Kraft schöpfen – »Die Route der Kraft«

Dieser Weg ist dynamischer. Es geht darum, Ihre Lebenskraft zu stärken und mit mehr Energie zu leben. Um diese Route zurückzulegen, müssen Sie aktiv werden – ganz so wie bei einem Segeltörn, bei dem Sie den frischen Wind nutzen, um ans Ziel zu kommen.

3. Das Wesentliche entdecken – »Die Route der Klarheit«
Eine weitere Möglichkeit, die Seeleninsel zu erreichen, besteht darin, sich über die Wolken zu erheben. Steigen Sie ins Flugzeug. Auf diese Weise kommen Sie besonders schnell ans Ziel und behalten den »Überblick«. Auf der »Route der Klarheit« geht es darum, zum Wesentlichen zurückzukehren und all den Ballast abzuwerfen, der Sie nur unglücklich macht.

 »Ruhe finden«

 »Kraft schöpfen«

 »Das Wesentliche entdecken«

– das sind die drei effektivsten Wege nach innen.

Die 99 Kurztrips bieten Ihnen dabei verschiedene Varianten an. Bei den ersten 33 Techniken liegt die Betonung auf Ruhe und Entspannung; die nächsten 33 Methoden erhöhen Ihre Lebensenergie und die letzten 33 fördern die Entwicklung der Klarheit. Letztendlich führen aber natürlich alle 99 Ausflüge auf die Seeleninsel zu mehr Ruhe, Energie und Klarheit, da sie nicht streng getrennt sind, sondern ineinander übergehen.

Im Gegensatz zu einer normalen Reise können Sie sich bei Ihrer Reise zur Seeleninsel also gleichzeitig auf allen drei Hauptrouten bewegen. Vertrauen Sie bei der Auswahl der Übungen auf Ihre Intuition. Probieren Sie einfach die Techniken aus, zu denen es Sie am meisten hinzieht. Experimentieren Sie aber auch einmal mit den anderen Methoden. Je mehr Strategien Sie anwenden, um einen Ausgleich zu Belastungen und Problemen des Alltags herzustellen, desto besser!

Bevor die Reise beginnt, wollen wir noch einen kurzen Blick auf das richtige Gepäck werfen.

Die Koffer packen

> *Auch die längste Reise beginnt mit dem ersten Schritt.*
>
> Chinesisches Sprichwort

Wer verreisen will, sollte sich vorher gut überlegen, was in den Koffer muss. Einerseits hängt es natürlich vom Reiseziel ab, was so alles mitgenommen wird. Andererseits kommt es aber auch darauf an, ob ein aktiver oder ein gemütlicher Urlaub geplant ist; je nachdem kommen entweder Wanderschuhe, Taucherbrille und Tennisschläger oder aber Sonnenhut, Luftmatratze und ein paar schöne Romane ins Gepäck.

Was aber sollen Sie einpacken, wenn Sie sich auf Ihre Seeleninsel zurückziehen möchten? Schnorchel und Moskitonetz sind es auf jeden Fall nicht, aber in den Koffer sollten unbedingt einige *Qualitäten* hinein, die den Weg zur Seeleninsel enorm erleichtern können.

Auf der folgenden »Gepäckliste« finden Sie einige Tipps für die richtige Reisevorbereitung. Die aufgeführten Aspekte und Qualitäten sind sehr förderlich, wenn es darum geht, Ruhe, Kraft und Klarheit zu entwickeln.

Willenskraft

Nur wenn Sie sich bewusst für eine Reise *entscheiden*, können Sie am Ziel ankommen. Um etwas zu verändern, brauchen Sie Willenskraft: »Ich werde mich nicht mehr stressen lassen. Ich werde ab jetzt entspannter, zufriedener und gelassener leben. Ich habe keine Lust mehr, Sklave energieraubender Gewohnheiten zu sein.«

Der Wille sollte der »Anlasser« sein. Er ver-*anlasst* Sie zu etwas, motiviert Sie, bringt Sie also in Bewegung: Sie befinden sich in »Zustand A« und wollen zu »Zustand B«. Sie sind beispielsweise erschöpft und ausgepowert und wollen vital und voller Energie sein. Zunächst brauchen Sie dabei Ihren Willen; die Willenskraft wirft den Motor an.

Doch übertreiben Sie nicht – wenn der Motor erst einmal läuft, sollten Sie den Zündschlüssel unbedingt wieder loslassen. Eine kleine Portion Willenskraft genügt, um die zukünftige Richtung festzulegen. Wille hat nichts mit »zusammengebissenen Zähnen« zu tun! Ihre Entscheidungen sollten zwar kraftvoll und bestimmt, nicht aber verkrampft oder aggressiv sein.

Sagen Sie einfach: »Ich will ...«, und *lächeln* Sie dabei! Mit dieser Art von entspanntem Willen erreichen Sie Ihre Seeleninsel mit Leichtigkeit.

Zeit

Für jede Reise braucht man etwas Zeit. Das gilt auch für den Urlaub auf der Seeleninsel. Für die meisten Ausflüge, die Sie in diesem Reiseführer kennen lernen, benötigen Sie nur sehr wenig Zeit – meist genügen schon ein paar Minuten. Wenn Sie bedenken, dass Sie normalerweise selbst für einen Kurzurlaub mindestens ein Wochenende opfern müssen, sollte dies also kein Problem sein.

Die Reise nach innen gelingt umso besser, je regelmäßiger man sie unternimmt. Regelmäßig etwas Zeit investieren – das ist das beste Weg zum Erfolg. Jeder, der sich eine neue Sprache aneignet, sich in der Meditation übt, ein Instrument spielt oder Tangotanzen lernt, weiß das.

Auch wenn Sie sich täglich nur 10 Minuten Zeit nehmen, um sich zurückzuziehen und sich eine kleine Reise auf Ihre Seeleninsel zu gönnen, werden Sie im Laufe der Zeit Entspannung, Gelassenheit, Vitalität und Heiterkeit entwickeln. Vor allem werden Sie bald ein sicheres Gespür dafür entwickeln, was es heißt, Zeit mit unnötigen Tätigkeiten zu verschwenden, und was es auf der anderen Seite bedeutet, seine Zeit sinnvoll zu nutzen.

Konzentration

Die 99 Ausflüge bieten Ihnen die Gelegenheit, Ihr Bewusstsein nach innen zu richten. Auf diese Weise können Sie ein gesundes Gegengewicht zur ständigen Reiz- und Informationsüberflutung schaffen, der wir alle ausgesetzt sind.

Sie werden umso besser abschalten, je konzentrierter Sie sind. Setzen Sie die Macht der Konzentration daher möglichst bei allen Entspannungs-, Atem-, Meditations- und Energieübungen ein. Konzentration hat übrigens nichts mit Anstrengung zu tun – ganz im Gegenteil: Je konzentrierter Sie sind, desto leichter wird es. Konzentration heißt lediglich, seinem Denken und Handeln eine klare Richtung zu geben und Ablenkungen auszuschalten. Konzentration schafft Klarheit, Ruhe und Kraft und schützt Sie vor Zerstreuung und innerer Unruhe. Häufige Besuche auf der Seeleninsel entwickeln die Konzentration ganz von selbst.

Heiterkeit

Die Art und Weise, wie Sie das Leben sehen, bestimmt Ihr Lebensgefühl und Ihre Stimmung. Sie können es sich angewöhnen, vom »Ernst des Lebens« zu sprechen, und die Perspektive einnehmen, dass das Leben »kein Zuckerlecken«, sondern »harte Arbeit« ist. Doch Sie können sich auch für Heiterkeit entscheiden. Ausflüge auf die Seeleninsel gelingen sehr viel besser, wenn Sie ein lebensfreundlicheres Bild pflegen, beispielsweise »Das Leben ist ein Spiel« oder »Jeder Tag bringt neue interessante Erfahrungen und Abenteuer«.

Wenn Sie nach innen reisen, sollten Sie für gute Stimmung sorgen: Schließlich heißt es ja, dass Urlaubszeit die schönste Zeit ist. Mit einem Lächeln auf den Lippen und etwas Humor können Sie dem grauen Alltag mit Leichtigkeit entfliehen. Dazu gehört auch, sich selbst nicht allzu wichtig zu nehmen. Machen Sie sich ferner bewusst, dass die meisten Probleme, die wir haben, und die Kämpfe, die wir führen, »hausgemacht« sind.

Auf Ihrer Seeleninsel erfahren Sie, dass das Leben kein Kampf ist. Wege, die zu mehr Entspannung, Gelassenheit und innerer Kraft führen, entwickeln gleichzeitig auch die Heiterkeit. Und umgekehrt gilt: Heiterkeit und Fröhlichkeit erleichtern es sehr, loszulassen und sich zu entspannen.

Geduld

Wenn Sie nach Australien fliegen wollen, müssen Sie etliche Stunden im Flugzeug sitzen. Aber auch um einen näheren Urlaubsort zu erreichen, brauchen Sie Geduld. Manchmal sind auch alle Flüge ausgebucht, sodass Sie sich erneut gedulden müssen.

Beim Urlaub auf der Seeleninsel kann Ihnen das nicht passieren. Sie stehen auf jeden Fall auf der Passagierliste – ganz gleich, ob Sie mit dem Flugzeug, dem Kreuzschiff oder dem Segelboot anreisen. Und Sie reisen immer 1. Klasse! Dennoch: Ein wenig Geduld kann auch bei der Reise nach innen nicht schaden. Nicht immer klappt alles gleich so, wie wir es uns vorstellen. Der ein oder andere Ausflug bzw. die ein oder andere Technik wird vielleicht nicht auf Anhieb gelingen. Doch im Laufe der Zeit wird es sehr viel einfacher, sein Ziel zu erreichen.

Erwarten Sie nicht, dass Sie nach zwei Ausflügen auf Ihre Seeleninsel ein vollkommen neuer Mensch sind und eine unglaubliche Gelassenheit und enorme Energie ausstrahlen. Bleiben Sie realistisch, aber offen für Überraschungen. Positive Veränderungen sind, wenn auch nicht nach einem Tag, so doch nach wenigen Wochen deutlich spürbar – für Sie und für Ihre Mitmenschen.

Mit jedem einzelnen Kurztrip nach innen säen Sie einen Samen, aus dem Vitalität, Gelassenheit und Heiterkeit wachsen. Lassen Sie Körper und Seele die Zeit, die sie brauchen, um ihre neuen Blüten in die Welt zu tragen.

Fantasie und Kreativität

Sie werden es schon bemerkt haben: *Urlaub auf der Seeleninsel* ist kein Reiseführer, der Ihnen geographische Reisen anbietet. Es geht hier nicht darum, Ihren Körper von Punkt A (z.B. Antwerpen) zu Punkt B (z.B. Budapest) zu verfrachten – das machen Sie am besten ganz real mit Bus, Bahn oder Flugzeug. Die Reisen, um die es in diesem Buch geht, ändern Ihren inneren Standpunkt. Und dazu brauchen Sie etwas Fantasie.

Ihr Vorstellungsvermögen wird Ihnen bei all jenen Ausflügen helfen, die mit Imaginationstechniken zusammenhängen. Indem Sie innere Bilder erzeugen, können Sie sich in wunderbare Welten versetzen. Ihre Fantasie hilft Ihnen, die Landschaften Ihrer Seeleninsel selbst zu erschaffen. Werden Sie kreativ. Gestalten Sie die beschriebenen Methoden und passen Sie sie Ihren Bedürfnissen an.

Denken Sie daran: Sie selbst wissen am besten, was Sie brauchen. Vertrauen Sie auf Ihre Intuition, wenn es darum geht, die »richtigen« Reisen für Sie herauszufinden, und ändern Sie die Route, wenn Sie das Gefühl haben, dass Sie dadurch schneller vorankommen.

Kreieren Sie Ihre Ausflüge nach innen wie ein Komponist seine Symphonie. Fügen Sie hier und da ein neues Instrument ein, ändern Sie die Melodie oder probieren Sie auch einmal einen anderen Rhythmus aus. Je flexibler Sie die Techniken einsetzen, desto besser.

Offenheit

Auf Reisen kann man viel erleben, vor allem dann, wenn man bereit ist, sich auf das Neue einzulassen. Offenheit erleichtert es uns, die Eindrücke fremder Länder intensiver aufzunehmen. Doch um anregende Erkenntnisse zu sammeln, müssen Sie nicht weit reisen. Auch Entspannungstechniken und meditative Übungen, wie sie bei den Ausflügen zur Seeleninsel angeboten werden, ermöglichen interessante, neuartige Erfahrungen. Zum Beispiel können Sie die Erfahrung machen, dass Ihr Körper Ihnen immer vertrauter wird und chronische Beschwerden allmählich verschwinden. Oder aber Sie erleben ungewohnte Gefühle von Wärme, Geborgenheit und Freiheit, die Ihr Leben völlig verändern.

Offenheit, Neugier und Experimentierfreude sollten in Ihrem Reisekoffer unbedingt noch Platz haben! Offenheit befreit Sie von vorgefassten Meinungen und ermöglicht es Ihnen, spontan auf das zu reagieren, was Sie erwartet. Und je weniger Sie erwarten, desto mehr erwartet Sie ...

Zu Offenheit gehört der Mut, seine eigenen Ansichten ein Stück weit loszulassen. Je besser Ihnen das gelingt, desto größer werden die Überraschungen sein, die auf Sie warten.

Sinnlichkeit

Der regelmäßige Rückzug auf Ihre Seeleninsel ermöglicht es Ihnen, sich zu entspannen, neue Energie zu tanken und überflüssigen Ballast abzuwerfen. Der Weg zu diesen Zielen führt oftmals über »sinnliche Techniken«.

Nur wenn Sie Ihre Sinne entwickeln, können Sie intensiv leben und erleben.

Unsere Sinne leiden heute besonders stark unter visueller und akustischer Überreizung. Rund um die Uhr belasten TV, Internet, Radio, Zeitungen, aber auch Straßen- und Baustellenlärm unsere Sinne. Sind die Sinne aber erst einmal überfordert, wird es sehr schwierig, Ruhe, Entspannung und innere Kraft zu entwickeln.

Die Lösung besteht in dem einfachen Satz »Weniger ist mehr!«. Viele der kleinen Ausflüge nach innen laden Sie dazu ein, wieder bewusst zu sehen, zu lauschen, zu spüren, zu riechen und zu schmecken. Und dazu ist es nötig, sich auf das Wesentliche zu beschränken. Sinnlichkeit hängt also eng mit Konzentration zusammen. Tiefes sinnliches Erleben eröffnet sich dem, der sich auf den Sonnenuntergang oder den Sternenhimmel konzentriert, der fähig ist, seine Aufmerksamkeit ganz und gar auf die Klänge einer schönen Musik, den Duft einer Rose oder den Geschmack eines französischen Rotweins zu lenken.

Bei vielen Kurztrips nach innen geht es darum, wieder bewusst sehen, hören, schmecken, riechen und tasten zu lernen. Mit einer guten Portion Sinnlichkeit im Reisekoffer werden Ihnen diese Ausflüge sehr leicht fallen. Und wenn Sie schon auf Reisen gehen, dann sollten Sie dies auch richtig genießen.

Bequeme Kleidung

Wie für jede Erholungsreise so gilt auch für den *Urlaub auf der Seeleninsel*, dass Sie bequeme Kleidung mitnehmen sollten. Im Abendkleid oder im Zweireiher wird niemand einen Spaziergang am Strand machen. Mit Stöckelschuhen, Perlenketten, Krawatten oder Zylinder wird es fast unmöglich, sich zu entspannen und die Reise nach innen anzutreten.

Wenn Sie einige der 99 Kurztrips in Form von Entspannungs-, Atem-, Bewusstseins- oder Energietechniken machen wollen, sollten Sie bequeme Kleidung wählen. Alles, was einengt, drückt, die Atmung oder auch die Hautatmung behindert, erschwert die Entspannung und kostet Energie.

Nicht umsonst kleiden sich Yoga-, Tai-Chi- und Aikido-Übende bequem. Und nicht umsonst tragen Zenmönche oder Priester, aber auch viele Künstler oftmals weite Gewänder aus Naturfasern. Je weniger äußere Zwänge uns behindern, desto leichter fällt es, Kontakt nach innen aufzunehmen.

Bei Ihrem Urlaub auf der Seeleninsel können Sie so ungeniert herumlaufen, wie Sie wollen. Wichtig ist nur, dass Sie sich rundum wohl fühlen. Ob Jogginghose oder Leinenhemd, ob T-Shirt oder Boxershorts – erlaubt ist, was gefällt und gut tut.

Ein ruhiges Plätzchen

Ausflüge zur Seeleninsel werden Ihnen besser gelingen, wenn Sie sich dazu an einen ruhigen Ort zurückziehen. Grundsätzlich können Sie zwar auch in einem überfüllten Bus oder mitten im Supermarkt meditieren und Kraft sammeln, doch insbesondere zu Beginn ist das nicht gerade leicht.

Es muss auch nicht gleich ein Kloster sein. Es genügt völlig, sich ein Zimmer oder auch nur eine ruhige Ecke für die Ausflüge nach innen zu reservieren. Sie können es sich beispielsweise auf einem kuscheligen Sofa oder einem dicken Wollteppich bequem machen. Wichtig ist, dass der Raum, den Sie wählen, eine »positive Schwingung« hat. Das heißt, dass Sie Chaos, Kälte, Dunkelheit, Rauch und Lärm möglichst verbannen sollten.

Wenn Sie für die Entspannungsübungen, Meditationen, Tagtraumtechniken, Klangexperimente, Atemlenkungen usw. immer wieder den gleichen Platz aufsuchen, werden Sie die friedliche Ausstrahlung dieses Ortes bald spüren. Vermeiden Sie es, am Platz Ihrer Wahl zu arbeiten, zu grübeln, zu schimpfen oder aber zu schlafen oder zu essen, denn dies würde die Atmosphäre beeinträchtigen.

Achten Sie darauf, dass der Raum möglichst sauber, die Temperatur angenehm und die Beleuchtung weder zu dunkel noch zu grell ist. Wenn nötig, sollten Sie das Zimmer gründlich lüften. Durch einige schöne Kleinigkeiten wie Blumen, eine Duftlampe für ätherische Öle oder eine Kerze können Sie schnell eine friedliche Atmosphäre schaffen und sich die Umschaltung von »Alltag« auf »Seeleninsel« sehr erleichtern.

Ruhe finden

Die Ruhe der Seele ist ein herrliches Ding und die Freude an sich selbst.

Johann Wolfgang von Goethe

Die erste und wohl wichtigste Hauptroute, die Sie direkt auf Ihre Seeleninsel bringt, ist die *Route der Ruhe*. Hier geht es vor allem darum, loszulassen und sich zu erholen. Diese Reise gleicht einer Kreuzfahrt auf einem Ozeandampfer. Sie ist sehr angenehm und erholsam, denn alles, was Sie dabei »tun« müssen, ist

entspannen und genießen!

Stellen Sie sich vor: Sie dösen auf einer bequemen Sonnenliege an Deck Ihres Dampfers friedlich vor sich hin. Sie beobachten, wie Möwen am hellblauen Himmel entlangziehen. Und während Sie genüsslich alle viere von sich strecken, salzige Seeluft einatmen und den warmen Wind auf Ihrer Haut spüren, erreichen Sie Ihre Seeleninsel ganz von selbst – mühelos und ohne jegliche Anstrengung ...

Die 33 Kurztrips, die Sie auf der »Ruheroute« kennen lernen, dienen nicht nur dazu, den Körper zu entspannen. Obwohl es für das Wohlbefinden sehr wichtig ist, Verspannungen der Muskeln zu lösen, sollten Sie die Kraft der Ruhe auch auf seelischer und geistiger Ebene genießen. Nur wenn Sie diese umfassende Ruhe pflegen, werden Sie wirklich tiefe Entspannung und Gelassenheit erfahren.

Die folgenden Techniken sind allesamt ausgezeichnete Stresskiller. Sie laden dazu ein, einmal richtig faul zu sein. In der Ruhe liegt sehr viel mehr Energie als in der Hektik! Bevor Sie Ihre Nerven verlieren und damit Ihre Beziehungen, Ihre Gesundheit und Ihr Glück aufs Spiel setzen, sollten Sie sich bewusst zum Faulsein bekennen.

Haben Sie den Mut, mit gutem Gewissen »nichts« zu tun. Sie müssen nicht erst krank werden, um sich eine Erholungspause zu gönnen. Sie haben jederzeit das

Recht auf kleine Atempausen. Nützen Sie also jede Möglichkeit, um sich zwischendurch einmal zu verwöhnen und abzuschalten.

Es ist übrigens ein Irrtum, zu glauben, dass nichts passiert, wenn wir nichts tun. Leider wird körperliche Passivität bei uns oft mit Trägheit gleichgesetzt. Doch das Gegenteil ist der Fall: In der Stille geschieht sehr viel. Wird die äußere Aktivität unterbrochen, setzt innere Aktivität ein. Ein Samen muss lange in der Erde ruhen, bis eine Pflanze daraus erwächst. Wenn Sie auf dem Bett liegen und sich entspannen, sieht es vielleicht so aus, als ob sich »nichts tut«. Doch Ihr Körper ist äußerst rege: Ihr Herz schlägt, Ihre Verdauungsorgane arbeiten, Sie atmen ein und aus, Giftstoffe werden ausgeschieden, neues Gewebe wird gebildet. Im Schlaf, in der Entspannung und in der Meditation regeneriert sich unser Organismus. Wie wichtig Ruhephasen für das körperliche und seelische Wohlbefinden sind, weiß jeder, der unter Schlaflosigkeit leidet ...

Gönnen Sie sich regelmäßig meditative Phasen! Entspannen Sie sich, strecken Sie alle viere von sich und genießen Sie es. So geben Sie Ihrem Körper die Chance, sich gründlich zu erholen. Und Ihr Unterbewusstsein bekommt die Chance, Ihnen interessante Botschaften zu senden, die dabei helfen, Ihre Ziele zu verwirklichen. Ruhe ist nämlich äußerst wichtig, wenn es darum geht, neue Ideen zu entwickeln oder Probleme kreativ zu lösen. In einer entspannten, wachen Haltung liegt ein enormes Potenzial:

- Isaac Newton saß unter einem Baum, als er plötzlich das Gesetz der Schwerkraft entdeckte.
- Benjamin Franklin erfand den Blitzableiter, als er an einem windigen Tag seinen Drachen steigen ließ.
- Komponisten wie Mozart, Brahms oder Schumann hatten viele ihrer kompositorischen Einfälle »im Schlaf«.

- Wissenschaftler erlebten Geistesblitze im Traum, wie der Chemiker Mendelejew, der das Periodensystem der Elemente »erträumte«.
- Buddha wurde nicht etwa erleuchtet, weil er mit zusammengebissenen Zähnen und angespannten Schultern durch die Gegend eilte – ganz im Gegenteil: Er saß gemütlich unter einem Baum ...

Die Zeitlupen-Methode

Ruhe und Gelassenheit können Sie entwickeln, indem Sie die Kraft der *Langsamkeit* nutzen. Versuchen Sie einmal, die Dinge ruhiger anzugehen. Nicht nur auf der Autobahn kann hohes Tempo katastrophale Folgen haben – auch im alltäglichen Leben wird es gefährlich, wenn Sie ständig »auf Hochtouren« laufen. Hektik belastet Ihre Gesundheit, mindert die Effizienz Ihres Handelns und führt zu Fehlentscheidungen. Es ist daher sinnvoll, zwischendurch einfach mal auf die Bremse zu treten.

Die Zeitlupen-Methode ist sehr einfach: Tun Sie Dinge, die Sie sonst auch tun – aber tun Sie sie *besonders langsam*, wie in Zeitlupe! Langsam ausgeführte Bewegungen wirken sehr entspannend. Sie können das zum Beispiel beim Bügeln, Abspülen oder Blumengießen ausprobieren.

Nicht umsonst werden übrigens auch Rituale »feierlich« – und das heißt vor allem *bewusst und langsam* ausgeführt. In Eile lässt sich keine feierliche Stimmung zaubern: Kein Priester wird bei der Messe rasch zum Altar stolpern, hektisch zur Bibel greifen und schnell einige Sätze aus dem Neuen Testament vorlesen. Zeremonielle Handlungen werden bedächtig, würdevoll vollzogen. Niemand denkt dabei daran, dass er die nächste U-Bahn erwischen muss; und deshalb können Rituale uns gut aus dem Alltagstrott befreien.

Die Zeitlupen-Methode ermöglicht »Meditation in der Aktion«. Im chinesischen Tai Chi werden beispielsweise zeitlupenartige Bewegungen eingesetzt, um einen Zustand der Ruhe und Klarheit auszudrücken. Versuchen Sie, Ihre Bewegungen wie im Tai Chi langsam, bewusst und ohne Anstrengung auszuführen. Indem Sie die Körperbewegungen verlangsamen, kommt auch Ihr Geist zur Ruhe.

In japanischen Zen-Klöstern übt man »Kin-hin« – eine Form des zeitlupenartigen Gehens. Langsames Gehen wird auch Ihnen helfen, sich zu zentrieren. Doch natürlich können Sie die Zeitlupen-Methode auch beim Essen, Duschen, Lesen oder Staubsaugen anwenden.

»Was bringt mich aus der Ruhe?« – Einmal täglich testen

2 Finden Sie heraus, was Ihnen am meisten auf die Nerven geht! Jeder Mensch reagiert auf andere Stressfaktoren. Werden Sie nervös, wenn es zwischenmenschliche Probleme gibt? Verlieren Sie die Fassung, wenn Sie warten müssen, oder reagieren Sie empfindlich auf Lärm? Wenn Sie einmal wissen, *was* Sie aus der Ruhe bringt, wird es einfacher, die Kontrolle zu behalten.

Gehen Sie die Ereignisse des Tages abends noch einmal gedanklich durch. Welche Situationen brachten Sie heute zur Weißglut? Kamen Sie aus der Ruhe,

- als Sie im Stau saßen?
- weil der Hund des Nachbarn einfach nicht aufhörte zu bellen?
- während Sie wieder einmal an der Supermarktkasse anstehen mussten?
- weil Ihr Partner auf Konfrontationskurs ging?
- als Ihre Kinder schlechte Noten mit nach Hause gebracht haben?
- weil den ganzen Tag über das Telefon klingelte?
- weil Sie Ihren kranken Kollegen vertreten und seine Arbeit noch zusätzlich übernehmen mussten?
- als Ihnen die U-Bahn vor der Nase wegfuhr?
- als Ihnen klar wurde, dass Sie die Steuererklärung schon wieder auf den nächsten Tag verschieben mussten?
- weil Sie Streit mit Ihrem Chef oder einem Kollegen hatten?

Analysieren Sie zunächst, *welche* Ereignisse Ihr Gleichgewicht am meisten stören. Der zweite Schritt besteht dann darin, diese Situationen in Zukunft als Übungsmöglichkeiten für Gelassenheit und Entspannung anzusehen. Viele der hier beschriebenen Kurztrips *nach innen* können Sie dabei konkret einsetzen.

Niemals ärgern!

3 Seelenruhe und Gelassenheit sind *innere Qualitäten*. Sie haben wenig mit äußeren Dingen zu tun. Der eine verliert schon die Nerven, wenn er wegen des Verkehrs nicht mit 200 Sachen über die Autobahn nach Hause rasen kann, der andere bleibt selbst dann noch entspannt, wenn er im Stau steht, obwohl er zu einer wichtigen Besprechung muss.

Wenn Sie Ihre Seeleninsel erreichen und innere Ruhe finden wollen, müssen Sie Ballast abwerfen. Ärger und Zorn belasten und stiften nur Unruhe. Vermeiden Sie negative Emotionen, indem Sie sich Folgendes klarmachen:

- Nicht die Situationen und Menschen sind für unsere schlechte Stimmung verantwortlich, sondern unsere Reaktionen darauf!
- Was passiert, kann angenehm oder unangenehm sein. Doch niemand zwingt uns dazu, wütend zu reagieren, nur weil unangenehme Dinge geschehen! Wir können auch schwierigen Situationen mit einer gelassenen Haltung begegnen, wenn wir das wollen (und ein wenig üben).
- Unsere innere Einstellung entscheidet, ob wir uns auf die positiven oder negativen Seiten des Lebens konzentrieren. Unsere Einstellung hängt von unseren Ansichten, Meinungen und unserer Lebensphilosophie ab.
- Einstellungen sind nicht unveränderlich. Sie bestehen aus bestimmten Gedanken und Gefühlen, und die können jederzeit über Bord geworfen und durch neue ersetzt werden.
- Nicht *der andere ärgert uns*, sondern *wir ärgern uns über den anderen*! Sagen Sie daher niemals: »Er hat mich ge-

ärgert«; sagen Sie lieber: »Ich habe auf seine Worte mit Ärger reagiert.«

- Übernehmen Sie die volle Verantwortung für Ihre Gefühle und Gedanken. Fühlen Sie sich nicht als Opfer der Umstände, sondern führen Sie bewusst positive Veränderungen herbei.

Die Schaukel-Entspannung

4

Schaukeln wirkt sehr entspannend. Durch das regelmäßige Auf- und Abschaukeln entsteht ein leichter Trancezustand – das Bewusstsein verlagert sich vom Kopf in den Körper hinein; das beruhigt und vermittelt Geborgenheit. Nicht umsonst wiegen Mütter ihre Babys auf dem Arm oder in der Wiege. Sie wissen, dass Sie Ihren Kleinen dadurch Trost und Entspannung schenken. Auch später haben Kinder beim Wippen und Schaukeln einen solchen Spaß, dass sie kaum noch vom Spielplatz zu bekommen sind.

Als Erwachsene haben wir es da natürlich schwerer. Obwohl jeder von uns gerne schaukelt, trauen wir uns nicht, den Kinderspielplatz unsicher zu machen. Dennoch: Wann immer sich die Chance bietet, sollten Sie nach Herzenslust schaukeln. Es gibt große Schaukeln, die auch Erwachsene in den siebten Himmel heben können, und zur Not tut's auch ein Schaukelstuhl.

Sie können sich ganz einfach »auf Ihre Seeleninsel schaukeln«: Dazu führen Sie mit dem Oberkörper Schaukelbewegungen aus – entweder auf einem Stuhl oder auf dem Boden. Wählen Sie den Stuhl, so setzen

Sie sich aufrecht hin und setzen beide Füße auf dem Boden auf; wenn Sie lieber auf dem Boden Platz nehmen, so setzen Sie sich entspannt in den Schneidersitz.

Wiegen Sie Ihren Oberkörper immer wieder langsam vor und zurück. Schließen Sie dabei die Augen und spüren Sie die lösende Wirkung des Schaukelns. Legen Sie die Hände auf den Bauch oder auf den Brustkorb. Um sich in eine entspannende Trance zu wiegen, sollten Sie das Schaukeln mit dem Atem verbinden: Schaukeln Sie beim Einatmen nach hinten, beim Ausatmen nach vorne. Variieren Sie den Rhythmus: Schaukeln Sie mal etwas schneller, mal wie in Zeitlupe. Nehmen Sie sich für die Schaukel-Entspannung einige Minuten Zeit, um in den Genuss der harmonisierenden Wirkungen zu kommen.

Schnell »relaxed« durch PMR

Die Progressive Muskel-Relaxation nach Jacobson – kurz PMR – ist eine effektive Entspannungstechnik, die schnell erlernt werden kann. Jeder einzelne Muskel wird dabei langsam angespannt. Die Grundprinzipien sind einfach:

1. Die Spannung wird jeweils *7 Sekunden lang gehalten.*
2. Der Muskel wird *danach mindestens 30 Sekunden lang entspannt.*
3. Während der ganzen Übung *lassen Sie Ihren Atem frei strömen,* und zwar unbedingt auch dann, wenn Sie die einzelnen Muskeln anspannen!

Legen Sie sich entspannt auf den Rücken, schließen Sie die Augen. Gehen Sie nun nacheinander die verschiedenen Muskelgruppen Ihres Körpers durch, wie unten beschrieben; spannen Sie die entsprechenden Muskeln sieben Sekunden an und entspannen Sie sie dann wieder mindestens 30 Sekunden lang, bevor Sie zur nächsten Muskelgruppe übergehen. Atmen Sie auch während der Spannung ruhig weiter.

Folgende Reihenfolge hat sich bewährt: Beginnen Sie mit den *Händen,* die Sie zu Fäusten ballen. Spannen Sie dann die *Oberarme* durch Beugen an. Danach die *Gesichtsmuskeln:* Augen, Stirn und Mund. Nun kommen *Schultern* und *Nacken* dran, danach *Bauch* und *Brust,* dann *Rücken* und *Gesäß* und schließlich *Beine* und *Füße* – anspannen, entspannen, immer im Wechsel.

Spannen Sie *abschließend nun noch einmal alle Muskeln gleichzeitig* an: Füße, Beine, Po, Rücken, Bauch, Brust, Hände, Arme, Schultern, Nacken und Gesicht. Atmen Sie dabei weiter und halten Sie die Spannung mindestens 7 Sekunden lang. Mit einer tiefen Ausatmung entspannen Sie den ganzen Körper dann wieder. Spüren Sie zum Abschluss noch kurz in Ihren Körper hinein und beobachten Sie, wie Sie sich jetzt fühlen.

6 »Ich bin – Ruhe«

Wenn Sie Ihr Bewusstsein mit der »Schwingung der Ruhe« durchdringen, wird jede Nervosität von Ihnen abfallen. Nutzen Sie dazu die Macht der Meditation. Indem Sie Ihr ganzes Denken und Fühlen auf die Kraft der Ruhe konzentrieren, haben belastende Gedanken in Ihrem Geist keinen Platz mehr.

»Wo das eine ist, kann das andere nicht sein«: Sie können nicht *gleichzeitig* friedvoll und angespannt sein. Zwar können Sie unterschiedlichste Stimmungen – von »himmelhoch jauchzend« bis »zu Tode betrübt« – erleben, doch immer nur *nacheinander* und niemals gleichzeitig. Die folgende Technik ermöglicht es Ihnen, sich ganz und gar mit der Schwingung der Ruhe zu verbinden und alle anderen Gedanken und Gefühle auszublenden. Die »Meditation über die Kraft der Ruhe« ist einfach:

Setzen Sie sich entspannt und aufrecht auf den Boden (mit ausgestreckten Beinen oder im Schneidersitz) oder auf einen Stuhl (die Fußsohlen berühren den Boden). Schließen Sie die Augen, lassen Sie Spannungen im Gesicht und in den Schultern los und legen Sie die Handflächen auf die Oberschenkel oder Knie. Schalten Sie von »Alltag« auf »Seeleninsel«, indem Sie Ihre Gedanken allmählich zur Ruhe kommen lassen; beginnen Sie dann mit der eigentlichen Übung:

Lassen Sie Ihren Atem frei fließen. Denken Sie beim Einatmen »ICH BIN« – beim Ausatmen denken Sie »RUHE«. Geben Sie Ihrer gedanklichen/inneren Stimme einen weichen, ruhigen Klang. Vor allem beim Ausatmen sollten Sie das »Ruuuhe« möglichst lang ziehen.

Pendeln Sie immer wieder geduldig zwischen diesen Worten: Bei jedem Einatmen »Ich bin«, bei jedem Ausatmen »Ruuuhe«. Das Ausatmen wird dabei von selbst etwas länger werden als das Einatmen. Bleiben Sie einige Minuten lang bei dieser Übung. Wenn Sie immer wieder »Ich bin – Ruhe« *denken*, werden Sie die Schwingung der Ruhe bald auch *fühlen* können! Beenden Sie die Übung, indem Sie die Augen öffnen und sich wieder dem Alltag zuwenden.

Zwischendurch ein Nickerchen

7

In südeuropäischen Ländern gibt es ein beliebtes Ritual: die Siesta. Die *Siesta* ist die Ruhepause nach dem Essen (»Siesta«, lat./span.; auf Lat. »sexta« [hora] = »sechste« [Stunde]). Viele Kulturen sind wahre Meister in der Kunst, die Ruhe zu pflegen. Nach einem ausgedehnten Mittagessen ist es im Süden ganz normal, dass man sich eine Verschnauf- und Verdauungspause gönnt. »Nach dem Essen sollst du ruh'n« gilt in Spanien, Italien, Griechenland, »oder ein paar Schritte tun« entspricht eher unserer Mentalität. Schade, denn ein kleines Nickerchen hilft, sich zwischendurch zu entspannen und neue Energien zu tanken.

Nur wenige Menschen haben hierzulande die Möglichkeit, sich tagsüber einmal kurz aufs Ohr zu legen. Stattdessen findet man sich üblicherweise nach einem hastig hinuntergeschlungenen Kantinenessen schnell wieder an seinem Schreibtisch ein. Sollten Sie jedoch die Möglichkeit haben, sich einmal tagsüber hinlegen zu können – zum Beispiel am Wochenende –, so zögern Sie nicht lange. Gerade nach dem Mittagessen oder im »Nachmittagstief« kann ein kurzes Nickerchen sehr

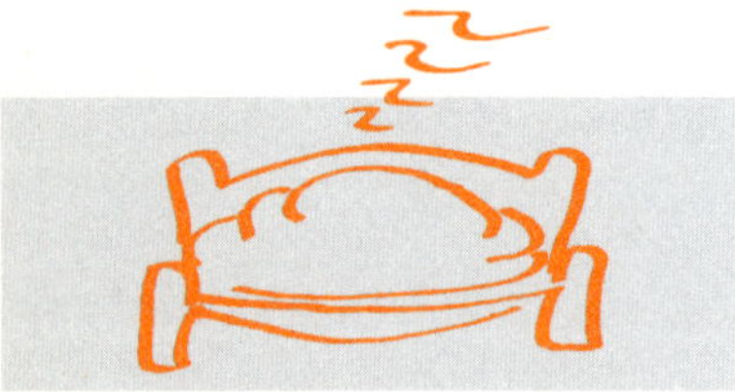

wohltuend sein. Damit das »Mittagsschläfchen« auch wirklich erholsam und nicht ermüdend ist, sollten Sie jedoch Folgendes beachten:

1. Ziehen Sie die Schuhe aus und befreien Sie sich von einengenden Kleidungsstücken wie Krawatten, Gürteln usw. Ziehen Sie jedoch keinen Pyjama an, da Ihr Unterbewusstsein sonst auf »Tiefschlaf« schalten könnte.
2. Legen Sie sich hin, entspannen Sie sich, schließen Sie die Augen. Sie müssen nicht unbedingt schlafen, sondern können auch nur etwas dösen. Ohnehin sollten Sie *nie zu lange* liegen! 15 bis 20 Minuten sind optimal. Wenn Sie länger schlafen, wird es schwierig, Ihren Kreislauf anschließend wieder anzukurbeln.
3. Die besten Zeiten für ein Nickerchen sind gleich nach dem Mittagessen oder am frühen Nachmittag.

Die Yoga-Tiefenentspannung

8

Jetzt möchten wir Ihnen eine der besten Entspannungsmethoden zeigen, die es gibt – *die Yoga-Tiefenentspannung*! Für die »Yoga-Entspannungsreise nach innen« benötigen Sie relativ lange, zirka 20 bis 30 Minuten. Dafür können Sie durch diese Technik in einen besonders tiefen, tranceartigen Entspannungszustand eintauchen, der Körper, Seele und Geist gründlich von Anspannungen und Belastungen befreit. Eine knappe halbe Stunde in der Yoga-Tiefenentspannung zu verbringen kann Ihnen mehr Erholung bieten, als eine ganze Nacht lang unruhig zu schlafen! Die Yoga-Tiefenentspannung ermöglicht Ihnen den vollkommenen Rückzug auf Ihre Seeleninsel. Je regelmäßiger Sie diese Technik durchführen, desto intensiver wird die Erfahrung von Ruhe und innerem Frieden werden.

Vorbereitung: Sorgen Sie dafür, dass Sie die nächste halbe Stunde ungestört sind. Legen Sie sich entspannt auf eine Decke und halten Sie eine weitere bereit, mit der Sie sich zudecken können, falls es kühl wird. Die Beine werden leicht gespreizt, die Füße fallen dabei locker auseinander. Legen Sie die Arme neben Ihren Körper, die Handflächen zeigen nach oben. Schließen Sie die Augen.

Stufe 1: Kurzkontrolle

Kontrollieren Sie kurz Ihren körperlichen Zustand. Wie fühlen Sie sich? Sind Ihnen Anspannungen bewusst? Spüren Sie, wie Ihr Körper vom Boden getragen wird?

Stufe 2: Muskelentspannung

Spannen Sie nun verschiedene Muskelgruppen Ihres Körpers langsam und nicht zu stark an, halten Sie die Spannung einige Sekunden lang und lassen Sie dann die Spannung wieder los. Wiederholen Sie dieses Anspannen und Lösen jeweils dreimal. Den Fluss Ihres Atems sollten Sie auch während der Spannungsphase nicht unterbrechen.

Sie beginnen mit dem rechten Bein, der rechten Wade und dem rechten Fuß. Gehen Sie dann zum linken Bein über. Dann folgt das *Gesäß*. Als Nächstes spannen Sie erst den *rechten Arm* dreimal an und lösen die Spannung wieder, tun dann dasselbe mit dem *linken Arm*. Spannen Sie dreimal die *unteren Rücken*muskeln an und lösen Sie die Spannung und gehen Sie nun zum *Bauch* über. Danach kommen *Schultern, Nacken* und *Kopf* an die Reihe. Spannen Sie zuletzt das *Gesicht* an. Ziehen Sie die Muskeln zusammen, so als ob Sie in eine Zitrone beißen würden. Entspannen Sie das Gesicht wieder und spüren Sie, wie alle Anspannungen verschwindet. Wiederholen Sie auch dies dreimal.

Stufe 3: Sich tragen lassen

Spüren Sie durch Ihren ganzen Körper: Sind alle Muskeln weich und entspannt? Können Sie Ihren Körper als Ganzheit wahrnehmen? Spüren Sie den Kontakt jeder Stelle Ihres Körpers zum Boden? Lassen Sie sich vertrauensvoll vom Boden tragen. Wenn Sie noch Anspannungen spüren, so geben Sie sie einfach mit dem Ausatmen an die Erde ab. Genießen Sie das Gefühl der Schwere und Wärme. Genießen Sie auch das Gefühl, nichts mehr festhalten zu müssen.

Stufe 4: Atem, Gedanken, Gefühle beruhigen

Konzentrieren Sie sich auf Ihren Atem. Folgen Sie bewusst dem Ein- und Ausatmen, doch ohne ihn zu beeinflussen. Genießen Sie einfach nur, wie der Atem kommt und geht. Entspannen Sie auch Ihre Gedanken und Gefühle und geben Sie überflüssige Gedanken und belastende Gefühle mit dem Ausatmen ab. Bleiben Sie eine Zeit lang in diesem Zustand und geben Sie der Ruhe die Gelegenheit, zu wachsen.

Stufe 5: Rückkehr in den Alltag

Nehmen Sie sich Zeit, um aus der Yoga-Tiefenentspannung in den Alltag zurückzukehren. Stellen Sie sich mit geschlossenen Augen kurz vor, wie das Zimmer aussieht, in dem Sie liegen. Wo befindet sich das Fenster, wo die Tür? Strecken Sie sich dann ausgiebig. Dehnen Sie die Arme nach oben und räkeln Sie sich genüsslich. Nehmen Sie einige tiefe Atemzüge, um sich wieder zu aktivieren. Öffnen Sie erst dann die Augen und setzen Sie sich langsam auf.

Bei allem Tun die Ruhe bewahren

9

Sie können einen erholsamen Tagesausflug auf Ihre Seeleninsel unternehmen, indem Sie einen ganzen Tag lang Ruhe bewahren. Am besten planen Sie dies schon am Vorabend. Gehen Sie den kommenden Tag einmal in aller Ruhe gedanklich durch: Was kommt auf Sie zu? Wen werden Sie treffen? Was alles wollen Sie erledigen? Werden Sie es schaffen, eine ruhige und friedvolle Haltung zu bewahren?

Wichtig ist, sich zu entscheiden, den ganzen Tag lang gelassen zu bleiben. Sobald Sie morgens die Augen öffnen, sollten Sie sich vornehmen: »Heute werde ich unter allen Umständen und bei allen Tätigkeiten Ruhe bewahren!« Lassen Sie Ihren Tag heute im gemächlichen Adagio- oder leicht beschwingten Andante-Rhythmus ablaufen! Sparen Sie sich alle schnellen Allegro- und Presto-Sätze für andere Tage auf.

Es sollte schon damit anfangen, dass Sie nicht aus dem Bett springen, sondern langsam aufstehen. Denken Sie daran: Ruhe bewahren! Beim Zähneputzen, beim Waschen und Anziehen. Machen Sie sich gelassen auf den Weg zur Arbeit; erledigen Sie alle Aufgaben ohne Hektik; lassen Sie die Schultern entspannt, auch wenn ein unangenehmer Kollege des Weges kommt; bleiben Sie ebenso beim Essen, Trinken, Gehen und Autofahren ruhig und entspannt.

Egal, ob es etwas zu tun gibt oder nicht: Bewahren Sie sowohl im Körper als auch im Geist kraftvolle Ruhe. Lassen Sie nicht zu, dass die Pferde mit Ihnen durchgehen. Sobald Sie bemerken, dass Ihre Körperbewegungen hektisch werden oder Nervosität sich breit macht, sollten Sie tief durchatmen und sich dann innerlich sagen: »Ruhe bewahren – gelassen bleiben – heiter bleiben.«

Mit der Zeit gelingt es immer besser, über lange Zeit gelassen zu bleiben. Es fühlt sich sehr schön an, wenn Sie bemerken, dass Ihre Ruhe sich auch auf andere überträgt. Und wenn Sie mal in alte Muster zurückfallen – ärgern Sie sich nicht, sondern nehmen Sie auch das gelassen ...

Zeit für eine Tasse Tee 10

Die Wiener Kaffeehauskultur, der »Five o'-Clock Tea« der Engländer, die japanische Teezeremonie oder unser »Kaffekränzchen« haben eines gemeinsam: Sie verbinden Genuss mit Entspannung und bieten die Möglichkeit, mitten im Alltag zur Ruhe zu kommen.

Gönnen Sie sich doch täglich eine Tasse Tee. Im Gegensatz zu Kaffee putscht Tee nicht auf. Vor allem grüner Tee, Kräutertees oder der aromatische Roibuschtee wirken äußerst harmonisierend. Im Fernen Osten pflegt man seit je die »Kunst des Teetrinkens«. Besonders bekannt ist die als *Chanoyu* bezeichnete Teezeremonie Japans. Doch auch Sie können regelmäßig eine kleine Teezeremonie abhalten und dabei »den Lärm der Welt vergessen«. Eine »Zeremonie« ist nicht kompliziert. Sie brauchen dazu lediglich:

Eine friedliche Atmosphäre

Sorgen Sie dafür, dass Ihr Tisch frei von Zeitschriften, Papierkram usw. ist. Die Sitzmöglichkeit sollte möglichst bequem sein. Eine Kerze und ein paar Blumen können schnell eine schöne Stimmung zaubern. Wenn Sie möchten, können Sie auch eine passende Musik einlegen.

Ein schönes Teegeschirr

Wählen Sie ein Tee-Set, das Ihre Sinne befriedigt. Kanne und Tassen müssen dazu nicht aus Porzellan sein; auch einfaches Geschirr kann schön anzusehen sein.

Eine gute Teesorte

Ob Sie nun schwarzen, grünen oder Kräutertee trinken: Er sollte Ihnen schmecken! Kaufen Sie gute Qualität und süßen Sie nach Wunsch.

Eine entspannte Haltung

Schon bei der Zubereitung des Tees sollten Sie ohne Hektik vorgehen. Setzen Sie sich dann entspannt hin und genießen Sie Ihre kleine Teezeremonie mit allen Sinnen. Riechen Sie das Aroma des Tees, beobachten Sie, welche Gefühle sein Duft auslöst, lassen Sie jeden Schluck eine Zeit lang im Mund, um auch feine Geschmacksnuancen wahrzunehmen. Genießen Sie und lassen Sie das Teetrinken so zur kleinen Meditation werden.

11 *Im Körperzentrum ruhen*

Wenn Sie sich in Ihrem Körper zentrieren, können Sie optimal Kontakt zur inneren Quelle der Ruhe und Kraft aufnehmen. In der Zen-Meditation und den japanischen Kampfkünsten wird viel Wert darauf gelegt, dass der Übende »seine rechte Mitte« findet. In Japan wird diese Mitte »Hara« genannt – der Bauch-Becken-Raum, in dem unser natürlicher Schwerpunkt liegt.

Ein Mensch, der »im Hara« ist, strahlt dies auch körperlich aus. Seine Schultern sind entspannt, die Haltung ist aufrecht, der Schwerpunkt liegt im Bauch-Becken-Raum. Wer seine Mitte gefunden hat, ist voller Vertrauen und ruht nicht nur körperlich, sondern auch seelisch in sich.

Wie sieht die »Haltung der Ruhe« aus? Wie können Sie »Hara« entwickeln? Prinzipiell ist dies in jeder Körperhaltung möglich, doch im Sitzen fällt es anfangs am leichtesten: Sitzen Sie auf der vorderen Hälfte eines Stuhles, ohne sich anzulehnen. Spüren Sie die Sitzunterlage mit beiden Sitzbeinhöckern. Setzen Sie beide Füße mit der gesamten Sohle auf den Boden auf und spüren Sie den Kontakt zur tragenden Erde. Lassen Sie Ihre Schultern entspannt hängen und lösen Sie auch Anspannungen im Gesicht, vor allem im Stirn- und Kieferbereich. Ein leichtes Lächeln auf den Lippen unterstützt die Entspannung übrigens ungemein.

Ihre Haltung sollte aufrecht, aber nicht verkrampft sein. Legen Sie Ihre Handflächen unterhalb des Bauchnabels flach auf Ihren Bauch. Stellen Sie sich vor, dass eine Schnur, die an Ihrem Scheitel befestigt ist, Ihre Wirbelsäule ein wenig nach oben dehnt. Sie können das Gefühl, sich von Ihrer eigenen Mitte tragen zu lassen, unterstützen, indem Sie am Ende jeder Ausatmung etwas Kraft in den Unterbauch schicken und die Bauchmuskeln dabei ganz leicht anspannen.

Bleiben Sie einige Minuten in dieser Haltung sitzen. Allmählich werden Sie ein Gefühl für »Hara«, für Ihre Leibmitte entwickeln. Spüren Sie die heilsame Energie, die von diesem Zentrum aus in Ihren ganzen Körper strömt.

12 Spüren Sie Ihren Körper!

Für einen Kurzbesuch auf der Seeleninsel können Entspannungstechniken äußerst nützlich sein. Körperliche Entspannung baut auch seelische Spannungen ab. Viele Entspannungsmethoden wie das Autogene Training oder die Progressive Muskel-Relaxation (PMR) setzen beim Körper an; es ist nämlich recht leicht, Muskelverspannungen zu lösen und die Ruhe anschließend auch auf die Gedanken und Gefühle ausstrahlen zu lassen. Umgekehrt ist es schwieriger – der Geist ist beweglicher und schwerer zu kontrollieren als der Körper. Die einfachste Möglichkeit, innere Ruhe über den »Körper-Umweg« entstehen zu lassen, liegt darin, *Ihren Körper zu spüren*. Sie können diese einfache Übung überall durchführen und Ihr Körperbewusstsein dabei verfeinern.

Wenn Sie guten Kontakt zu Ihrem Körper aufnehmen, werden viele Anspannungen sich von selbst lösen. Strahlen Sie dazu mit Ihrem Bewusstsein wie mit einer »Taschenlampe« in verschiedene Körperstellen hinein. Gleichgültig, ob Sie auf dem Bett liegen oder spazieren gehen – fragen Sie sich immer wieder einmal: »Wie fühlt sich mein Körper an?«

Auch wenn Sie sitzen, sollten Sie das bewusst spüren. Fühlen Sie den Kontakt der Füße zum Boden. Spüren Sie, wie Ihr Gesäß auf der Sitzfläche ruht und der Rücken die Lehne berührt. Wie fühlt sich Ihr Gesicht an? Ist es entspannt? Wo können Sie unnötige Anspannungen spüren?

Beim »Körper spüren« können drei wichtige Kontrollpunkte hilfreich sein: die *Körperhaltung* (sitzend, stehend, aufrecht, gebeugt usw.), das *Temperaturempfinden* (warme oder kalte Hände, Füße usw.) und der *Muskeltonus* (angespannt, entspannt, locker, verkrampft, weich, fest ...). Anfangs sollten Sie die Augen schließen. Später können Sie die Übung auch anwenden, wenn Sie Auto fahren, im See schwimmen, fernsehen oder Ihre Katze streicheln: Sie müssen nur dabei bleiben, Ihren Körper ganz wach und aufmerksam zu spüren!

Ein Rosenöl-Bad 13

Es gibt einen einfachen Trick, um innere Ruhe zu finden und jede Art von Nervosität und Anspannung schnell über Bord zu werfen: Verwöhnen Sie sich selbst! Indem Sie sich liebevoll um sich kümmern und sich Zeit nehmen, Ihr Leben zu genießen, kommen Sie ganz von selbst zur Ruhe.

Nach einem anstrengenden Tag kann eine heiße Dusche wahre Wunder wirken. Überhaupt ist Wärme die reine Wohltat für einen verspannten Körper. Besonders schön wird das, wenn Sie Wärme mit wohltuenden Düften kombinieren, etwa in Form von Aroma-Saunas oder Dampfbädern.

Auch zu Hause können Sie Körper und Seele mit Duft und Wärme entspannen. Gönnen Sie sich doch einmal ein Rosenöl-Bad. Dazu brauchen Sie lediglich eine Badewanne, etwas ätherisches Rosenöl (*Rosa damascena* oder *Rosa centifolia*), 100 ml süße Sahne und 1 EL (dünnflüssigen) Honig.

Lassen Sie die Wanne voll laufen. Die optimale Wassertemperatur liegt um die 36 Grad C. Wichtig ist, dass Ihnen die Temperatur gut bekommt und Sie sich wohl fühlen. Um das Bad zu aromatisieren, mischen Sie nun Sahne, Honig und 5 bis 8 Tropfen ätherisches Rosenöl in einem Schälchen und geben die Mischung kurz bevor Sie in die Wanne steigen ins Badewasser.

Genießen Sie das aromatische Rosenölbad mit allen Sinnen! Spüren Sie die Wärme, atmen Sie den Duft, machen Sie das Baden zu einem kleinen Fest für die Sinne. Das gelingt noch besser, wenn Sie für eine schöne Beleuchtung im Badezimmer sorgen, etwa eine Kerze aufstellen, und das Telefon ausschalten. Vor allem aber: Spüren Sie in Ihren Körper hinein, nehmen Sie bewusst wahr, wie gut die Wärme den Muskeln tut, und beobachten Sie einmal, wie der Duft von Honig und Rosen auch Ihre Gefühle und Gedanken »auf Rosen bettet ...«

14 *Rhythmisches Atmen*

Im Yoga wird die Kraft des Atems genutzt, um alle Zellen mit Energie aufzuladen, den Körper von Giften zu reinigen und seelische Ausgeglichenheit zu erlangen. Einige Yoga-Atemübungen sind sehr intensiv und sollten nur unter Anleitung eines Lehrers durchgeführt werden. Doch es gibt auch sehr einfache Techniken, die jeder gefahrlos ausüben kann; dazu gehört auch die folgende

Übung, durch die Sie innerhalb kürzester Zeit zur Ruhe kommen. Und das Beste ist: Sie können diese einfache Technik überall und jederzeit durchführen!

Beim harmonischen Atmen geht es darum, Kontrolle über seinen Atem zu gewinnen und die Atemzüge gleichmäßig durchzuführen. Achten Sie darauf, dass Sie ausschließlich durch die Nase atmen und sich die Bauchdecke beim Amten hebt und senkt. Atmen Sie entspannt und schließen Sie möglichst die Augen, während Sie das harmonische Atmen durchführen. Zwei Variationen der harmonischen Atmung sind besonders geeignet, um Stress abzubauen und Ruhe zu finden:

1. Ein- und Ausatmung sind gleich lang

Atmen Sie 4 Sekunden ein und anschließend 4 Sekunden aus. Wiederholen Sie dies mindestens 10-mal. Mit der Zeit können Sie die Dauer der Atmung verlängern, indem Sie 6 oder später auch 8 Sekunden ein- und ebenso lange ausatmen. Wählen Sie den Rhythmus immer so, dass Sie bequem und entspannt atmen können, ohne außer Atem zu kommen!

2. Die Ausatmung ist doppelt so lang wie die Einatmung

Atmen Sie 4 Sekunden lang ein und 8 Sekunden lang aus. Wiederholen Sie diesen Rhythmus mindestens 10-mal. Auch hier können Sie später steigern, indem Sie beispielsweise 6 Sekunden ein- und 12 Sekunden ausatmen. Dieser Atemrhythmus wirkt besonders beruhigend.

15 Vokale der Ruhe singen

Schöne Klänge und Melodien können unsere Seele anrühren. Im folgenden Gedicht von Marie von Ebner-Eschenbach kommt dies gut zum Ausdruck:

»Ein kleines Lied, wie geht's nur an,
daß man so lieb es haben kann,
was liegt darin? Erzähle!
Es liegt darin ein wenig Klang,
ein wenig Wohllaut und Gesang
und eine ganze Seele.«

Singen kann sehr befreiend sein. Um sich auf Ihre Seeleninsel zu singen, müssen Sie aber kein Sänger sein. Sie brauchen auch kein Lied zu singen, ganz im Gegenteil: Je einfacher der »Gesang«, desto eher können Sie sich in einen tranceartigen Zustand tiefer Entspannung singen.

In der Atemtherapie werden die Vibrationen der Vokale benutzt, um die Stimme zu entfalten, Mund und Kiefer zu lockern und Spannungen im ganzen Körper zu lösen. Helle Vokale wie »I« oder »E« aktivieren, dunkle beruhigen Körper und Seele. Das »U« und das »O« schwingen im Beckenraum und lassen Ruhe und Vertrauen entstehen. Um die wohltuenden Wirkungen des Vokalsingens erfahren zu können, sollten Sie es einfach einmal ausprobieren.

Setzen Sie sich hin, schließen Sie die Augen, und singen Sie ein langes »Uuu« oder »Ooo«. Wählen Sie eine Tonhöhe aus, die Ihnen angenehm ist, und strengen Sie Ihre Stimme nicht an. Atmen Sie langsam und tief durch die Nase ein, und lassen Sie beim Ausatmen ein lang gezogenes, weiches »U« oder »O« erklingen. Bleiben Sie ganz entspannt. Wiederholen Sie dies einige Minuten lang. Singen Sie den Vokal immer wieder und spüren Sie, wie angenehm sich das im Körper auswirkt.

Wenn Sie die Übung längere Zeit ausführen, können Sie spüren, dass nicht nur Ihr Körper, sondern auch Ihre Gedanken immer mehr zur Ruhe kommen.

Schützen Sie sich vor Ruhekillern

16

Die »akustische Umweltverschmutzung« greift immer mehr um sich. Wir alle sind Alltagslärm ausgesetzt – etwa durch brummende Automotoren, ratternde Züge, dröhnende Baustellen, durch Flugzeuge oder TV-Geräte. Die chronische Einwirkung von Lärm führt über kurz oder lang zu Hörschädigungen; allein in Deutschland gibt es 14 Millionen Hörgeschädigte! Doch Lärm belastet auch Körper und Seele: Nervosität und innere Unruhe, Schlafstörungen, Erschöpfung, depressive Verstimmungen und sogar eine Beeinträchtigung des körpereigenen Immunsystems wurden als Folge von Lärmbelastungen beobachtet.

Ihre Seeleninsel ist ein Ort vollkommener Stille. Mit etwas Übung können Sie ihn unabhängig von äußeren Bedingungen aufsuchen. Theoretisch lässt sich also selbst im Großstadtlärm innere Ruhe erfahren. Viel leichter wird Ihnen das allerdings fallen, wenn Sie auch im Außen für Stille sorgen und sich vor äußeren Ruhekillern schützen! Hier einige Möglichkeiten:

- Ziehen Sie sich möglichst oft in die unberührte Natur zurück.
- Suchen Sie ein Kloster auf, um an einem Meditationskurs teilzunehmen.
- Meiden Sie ständige Musik- oder TV-Berieselung.
- Hören Sie Musik nie zu laut. *Je lauter* die Musik ist, *desto kürzer* sollte das »Hörvergnügen« sein!
- Wenn möglich, sollten Sie Ihre Wohnung mit schalldichten Fenstern ausstatten. Vor allem an befahrenen Straßen kann dies sehr erleichternd sein.
- Bleiben Sie Formel-1-Rennen, Rockkonzerten und Techno-Discos möglichst fern. Schützen Sie Ihre Ohren mit Watte oder Ohropax, wenn es mal besonders laut wird.
- Auch in der Stadt gibt es Zonen der Stille. Ziehen Sie sich zum Beispiel einmal für kurze Zeit in eine Kirche oder in den Lesesaal einer Bücherei zurück.
- Nehmen Sie Ihr Handy nicht immer und überallhin mit.

Mit Lavendel ins Bett

17

Menschen, die an innerer Unruhe und Nervosität leiden, klagen häufig auch über Schlafstörungen oder Schlaflosigkeit. Im Schlaf verarbeiten wir die Ereignisse des Tages und tanken neue Energien. Ist der Schlaf aufgrund von Stress gestört, sind wir bereits morgens erschöpft und den Anforderungen des neuen Tages kaum gewachsen; dadurch entsteht nun noch mehr Stress. Hier haben wir es mit einem Teufelskreis zu tun, der nur durch bewusstes Gegensteuern unterbrochen werden kann. Entspannungsübungen bieten dabei eine wertvolle Hilfe.

Wenn Sie an Schlafstörungen leiden, können Sie auch ganz direkt dagegen angehen. Ein bewährtes Naturheilmittel ist Lavendel. Vor allem in Frankreich wird Lavendel traditionell gegen Anspannungen und Schlaflosigkeit angewendet. Im Süden des Landes, wo die bezaubernden violetten Lavendelfelder blühen, werden überall Lavendelsäckchen angeboten. Doch auch bei uns findet man diese mit getrockneten Lavendelblüten gefüllten Baumwollsäckchen. Natürlich können Sie auch selbst einen kleinen Stoffbeutel mit Lavendelblüten füllen. Damit Sie besser ein- und durchschlafen können, legen Sie einfach ein Lavendelsäckchen in die Nähe Ihres Kopfkissens oder auch unter Ihr Kissen.

Der entspannende Lavendelduft kann Ihnen aber auch im Alltag helfen. Beispielsweise können Sie Lavendelblüten in eine Schale füllen und sie in Ihr Wohnzimmer oder an Ihren Arbeitsplatz stellen. Keine Angst, tagsüber wirkt der Duft nicht einschläfernd, sondern lediglich harmonisierend und lösend.

Das ätherische Lavendelöl, das Sie in Reformhäusern, Bioläden oder Apotheken kaufen können (*Lavendula vera, Lavendula officinalis*), kann im Duftlämpchen oder als Badezusatz (pro Bad nur etwa 5 Tropfen verwenden und mit Sahne mischen!) ebenfalls einen wohltuenden Duft erzeugen. Lavendelöl hilft übrigens nicht nur dabei, die Seele baumeln zu lassen, es wirkt auch schmerzstillend und krampflösend.

18 Autosuggestion

Die Autosuggestion ist eine einfache und wirksame Methode, um positive Veränderungen zu bewirken. Unter anderem können Sie durch diese Technik Ruhe entwickeln und den Rückzug nach innen fördern. »Auto-Suggestion« heißt ja nichts anderes als »Selbst-Beeinflussung«. Indem Sie Ihr Unterbewusstsein neu programmieren, lassen sich sogar körperliche Vorgänge harmonisieren.

Die Autosuggestion wurde von dem französischen Apotheker Emile Coué entwickelt. Coué sagte: »Jeder Gedanke, der unseren Geist allein beherrscht, wird für uns zur Wahrheit und strebt danach, Wirklichkeit zu werden.« Tatsächlich beeinflussen unsere Gedanken uns in jedem Moment unseres Lebens. Durch die Autosuggestion können Sie sich jedoch *bewusst* und *positiv* beeinflussen.

Wichtig ist, dass Autosuggestion nicht mit dem Willen, sondern mit der Vorstellungskraft arbeitet. Das Unterbewusste ist sehr pflichtbewusst und führt verständig aus, was ihm eingegeben wird. Den entscheidenden Autosuggestions-Satz Coués kennen Sie vermutlich: »Von Tag zu Tag geht es mir in jeder Hinsicht immer besser und besser.«

Um innere Ruhe zu entwickeln sollten Sie jedoch einen anderen Satz verwenden:

Von Tag zu Tag bin ich entspannter und immer öfter erfahre ich Ruhe und Gelassenheit.«

Die Autosuggestion lebt von der Wiederholung! Sprechen Sie die Formel mehrmals täglich je 20-mal, vor allem morgens nach dem Aufwachen und abends vor dem Einschlafen. Sprechen Sie so laut, dass Sie sich gerade noch hören können, und sprechen Sie entspannt, ja sogar ruhig etwas monoton. Wenn möglich, sollten Sie die Augen schließen. Führen Sie die Autosuggestion unbedingt mehrere Tage hintereinander aus. Dadurch wird Ihr Unterbewusstsein die Botschaft des Satzes optimal verarbeiten. Und wie wird sich das auf Ihr Leben auswirken? Lassen Sie sich überraschen ...

Mit Musik gegen Stress 19

In vielen Kulturen ist die Heilkraft der Musik seit Jahrtausenden bekannt. Auch heute wird Musik eingesetzt, um Körper und Seele zu heilen – etwa in der Musiktherapie. Klänge, Rhythmen und Melodien können gezielt gegen Schmerzen, Herzstörungen, Depressionen und natürlich auch gegen innere Unruhe und Stress eingesetzt werden. Dazu brauchen Sie jedoch keinen Therapeuten: Sie können Musik privat als kleine »Seelenmassage« einsetzen und die beruhigenden Wirkungen der Klänge am eigenen Leib erfahren!

Wenn Sie ein Instrument spielen, haben Sie eine wunderbare Möglichkeit, Alltagsbelastungen auszugleichen. Doch auch Musikhören ist äußerst wirkungsvoll, wenn Sie dies weniger zur Unterhaltung als vielmehr aus »therapeutischen« Gründen tun. Dazu brauchen Sie nur einige kleine Regeln zu beachten:

1. Bevor Sie die Stereoanlage einschalten, sollten Sie sich eine angenehme Atmosphäre schaffen. Legen Sie sich zum Musikhören auf Ihr Sofa oder Bett, schließen Sie die Augen, lassen Sie Ihren Atem ruhig fließen und entspannen Sie Ihren Körper so gut es geht.
2. Wählen Sie eine Musik aus, die eine entspannende Wirkung auf Sie hat. Das kann beispielsweise Meditationsmusik oder indische Musik sein; doch auch klassische Musik, etwa langsame Sätze aus Tschaikowsky-Sinfonien oder Beethoven-Klavierkonzerten wirken sehr harmonisierend.
3. Widmen Sie Ihre ganze Aufmerksamkeit der Musik. Lauschen Sie den Klängen ganz bewusst, lassen Sie sich von der Musik auf Ihre Seeleninsel tragen. Vermeiden Sie es, über die Musik oder über andere Dinge nachzudenken. Öffnen Sie einfach Ihr Herz und genießen Sie die Klänge.

4. Achten Sie darauf, wie Sie auf die Musik reagieren: Was passiert mit Ihrem Körper? Lösen sich Muskelspannungen? Wie verändert sich Ihr Atem, wie Ihre Gefühle? Bleiben Sie auch in der Entspannung wach und bewusst.

Schultern und Gesicht entspannen

20

Alle unnötigen Muskelanspannungen kosten Sie Energie und erschweren es Ihnen, heiter und gelassen zu sein. In Industrienationen gibt es nur noch sehr wenige Menschen, die wirklich entspannt sind. Eine gelöste, flexible Muskulatur ist die Ausnahme, ebenso eine unverkrampfte, freie Körperhaltung.

Jeder von uns hat seine ganz persönlichen Fehlhaltungen und Fehlspannungen. Doch die Muskeln, die ganz allgemein am häufigsten unbewusst angespannt werden, sind die Schultern bzw. der Nacken und die Gesichtsmuskulatur. Wenn es Ihnen gelingt, Ihr Gesicht und Ihre Schultern von gewohnheitsmäßigen Anspannungen zu befreien, wird sich Ihr ganzer Körper besser anfühlen. Und dafür brauchen Sie nicht einmal 5 Minuten! Führen Sie einfach zwischendurch immer wieder einmal die folgende, lösende Übung durch.

1. Setzen Sie sich auf einen Stuhl, ohne sich anzulehnen. Atmen Sie tief ein und ziehen Sie beide Schultern dabei ganz langsam nach oben in Richtung Ohren. Halten Sie die Spannung kurz, lassen Sie dann

die Schultern nach unten fallen, und atmen Sie dabei hörbar durch den Mund aus. Wiederholen Sie dies insgesamt fünfmal.

2. Sitzen Sie weiterhin aufrecht und atmen Sie tief durch die Nase ein. Atmen Sie dann langsam durch den Mund aus und lassen Sie den Kopf gleichzeitig ruhig nach vorne sinken, bis das Kinn die Brust berührt. Heben Sie den Kopf mit dem Einatmen wieder langsam nach oben, bis Sie zur Decke schauen können. Wiederholen Sie auch diese Bewegung fünfmal.
3. Schließen Sie die Augen und entspannen Sie Ihr Gesicht, indem Sie ein wenig lächeln. Atmen Sie langsam durch die Nase ein. Am Ende der Einatmung reißen Sie die Augen und den Mund ganz plötzlich weit auf, strecken die Zunge raus und atmen kräftig durch den Mund aus. Einatmend schließen Sie Augen und Mund wieder und entspannen Ihr Gesicht. Wiederholen Sie auch dies fünfmal.

21 Düfte für die Seele

Aromatische Düfte verbessern unser Wohlbefinden und unsere Stimmung innerhalb von Sekunden. Die Moleküle der Duftstoffe regen Millionen von Riechnervenzellen an. Die Nervenimpulse werden blitzschnell an das »Limbische System« weitergeleitet, ein Gehirnareal, das mit unseren Emotionen verbunden ist. Auf diese Weise schleichen sich Düfte über den Geruchssinn ins Unterbewusstsein und wirken unter anderem stressmindernd und harmonisierend.

Die Aromatherapie setzt Düfte bewusst für die Heilung von Körper und Seele ein. Im Mittelpunkt stehen dabei die ätherischen Öle oder Aromaöle, hoch konzentrierte Pflanzenessenzen, die vorwiegend aus Blättern, Blüten, Schalen oder Rinden gewonnen werden. Wissenschaftliche Untersuchungen konnten nachweisen, dass ätherische Öle unter anderem krampflösend, desinfizierend, schleimlösend, hustenstillend, schmerzstillend aber auch schlaffördernd, beruhigend und entspannend wirken. Hochwertige, naturreine Aromaöle finden Sie in Bioläden, Reformhäusern oder Apotheken. Die besten »Anti-Stress-Öle« heißen

- Römische Kamille (*Anthemis nobilis*)
- Anis (*Pimpinella anisum*)
- Lavendel (*Lavendula vera, Lavendula officinalis*)
- Cajeput (*Melaleuca cajeputi leucadendron*)
- Rose (*Rosa damascena, Rosa centifolia, Rosa gallica*) und
- Ylang-Ylang (*Cananga odorata*)

Um abzuschalten und die Seele baumeln zu lassen, träufeln Sie etwa 5 Tropfen eines Öls in eine Duftlampe oder in eine mit Wasser gefüllte Schale, die Sie auf ein Stövchen stellen. Lassen Sie die wohltuenden Düfte auf diese Weise in Ihrem Wohnzimmer oder wenn möglich auch an Ihrem Arbeitsplatz verdampfen und genießen Sie die Entspannung, die dabei ganz von selbst eintritt.

22

Der »Thymus-Trick«

Die folgende Technik kommt aus der Kinesiologie, einer Methode, die vom amerikanischen Chirotherapeuten George Goodheart entwickelt wurde. In der Kinesiologie geht es darum, Energieblockaden aufzulösen, wobei Elemente der Chirotherapie mit der Meridianlehre der Akupunktur verbunden werden.

Die Thymusdrüse spielt in der Kinesiologie eine zentrale Rolle. Diese Drüse ist nicht nur für das Wachstum wichtig, sie produziert auch die für die Immunabwehr so wichtigen Lymphozyten oder »T-Zellen«. Kinesiologen gehen davon aus, dass die Thymusdrüse Sitz der Lebensenergie ist. Darüber hinaus beobachteten sie einen engen Zusammenhang zwischen Emotionen und der Thymusaktivität. Ist die Thymusfunktion geschwächt, macht sich dies durch innere Unruhe und Nervosität bemerkbar. Umgekehrt schwächt Stress den Thymus.

Sie können die Funktion Ihrer Thymusdrüse verbessern und dadurch über »energetische Umwege« das Gefühl von Ruhe und Gelassenheit erzeugen. Dazu gibt es eine einfache Übung – das *Thymus-Klopfen*. Wenn Sie Gefahr laufen, die Nerven zu verlieren oder in Stress zu geraten, sollten Sie diese Technik anwenden. Sie dauert übrigens nur wenige Sekunden.

Führen Sie das Thymus-Klopfen im Sitzen oder Stehen durch. Die Thymusdrüse liegt hinter dem oberen Teil des Brustbeins, in der Mitte der Brust. Atmen Sie langsam ein und klopfen Sie während der Einatmung mit den Fingerkuppen beider Hände abwechselnd sanft auf das Brustbein. Am Ende der Einatmung legen Sie beide Hände flach auf den oberen Teil der Brust und atmen langsam aus. Wiederholen Sie das Ganze dann noch einmal: Tief einatmen und dabei mit allen Fingerkuppen mehrmals vorsichtig auf die

Mitte der Brust klopfen; ausatmend die Hände auf die Brust legen.

Führen Sie diese Technik höchstes zwei- bis dreimal täglich aus und beobachten Sie, wie Sie sich anschließend fühlen.

»Ganz warm und schwer …« 23

Eine schöne Möglichkeit für einen Kurztrip auf Ihre Seeleninsel besteht darin, sich selbst zu hypnotisieren. Vergessen Sie alles, was Sie in den Medien über Show-Hypnose gehört haben: Die Selbsthypnose ist nicht nur einfach, sondern auch völlig ungefährlich. Sie ermöglicht es Ihnen, innerhalb kurzer Zeit in einen wunderbaren Zustand der Ruhe und Entspannung zu gelangen.

Stufe 1: Außenorientiert sehen, hören und spüren

Benennen Sie vier Dinge, die Sie sehen, vier Geräusche und vier körperliche Wahrnehmungen. Das könnte so aussehen: *»Ich sehe ... eine weiße Gardine, die Fensterbank, einen Baum vor dem Fenster, das Kandinsky-Bild an der Wand. Ich höre ... ein Auto, Kinderlachen, ein Flugzeug, das Knarren des Sofas. Ich spüre ... meinen Kopf auf dem Kissen, meine Knie berühren sich, meine Lippen berühren sich, mein rechter Ellbogen berührt meine Seite.«*

In einem zweiten Durchgang benennen Sie jeweils nur drei Dinge, im dritten Durchgang zwei und im vierten Durchgang dann jeweils eine Wahrnehmung.

Stufe 2: Innenorientiert sehen, hören und spüren

Schließen Sie Ihre Augen. Benennen Sie nun wieder vier Dinge, die Sie *innerlich* sehen, vier Geräusche und vier körperliche Wahrnehmungen. Im zweiten Durchgang benennen Sie dann wiederum jeweils drei Dinge, im dritten Durchgang zwei und im vierten Durchgang jeweils eine Wahrnehmung.

Oft werden Sie gar nicht so weit kommen, weil Sie von der Trance direkt in einen tiefenentspannten Kurzschlaf hinübergeglitten sind. Öffnen Sie jedenfalls nicht gleich die Augen, sondern zählen Sie langsam von 10 bis 1 und sagen Sie sich bei jeder Zahl: »Ich werde immer wacher«, »Ich komme immer mehr ins Hier und Jetzt zurück«, bis Sie bei »1« sagen: »Ich bin hellwach und voller Kraft!« Räkeln Sie sich nun ausgiebig und öffnen Sie dann die Augen.

Kreative Ruhe

24

Kreative Tätigkeiten, die konzentriert und entspannt durchgeführt werden, können Sie auf schnellstem Wege auf Ihre Seeleninsel tragen. Kinder spüren noch genau, wie wichtig Kreativität für sie ist. Malen, Basteln, Kneten, Singen, aber auch traditionelle Kinderspiele wie »Verstecken« oder »Blinde Kuh« entwickeln auf spielerische Weise Ideenreichtum, Ausdrucks- und Schöpferkraft – was man von den meisten Computerspielen übrigens nicht sagen kann!

Bei diesem Ausflug geht es zwar nicht um Blinde Kuh oder darum, Verstecken zu spielen, wohl aber möchten wir Ihnen ans Herz legen, einen Teil Ihrer Zeit für kreative Tätigkeiten zu nutzen, die möglichst nichts mit Ihrem Beruf zu tun haben sollten.

Oft haben wir Respekt vor Menschen, die gut malen, Klavier spielen oder Gedichte schreiben können, dabei steckt aber in jedem von uns ein großes Kreativitätspotenzial. Lassen Sie sich nicht durch Ihre eigenen Bedenken behindern. Um Ihren Ideen Ausdruck zu verleihen, müssen Sie nicht gleich ein »großer Künstler« sein. Gönnen Sie sich den Luxus, immer wieder einmal »Fehler« zu machen, und bleiben Sie mit Spaß bei der Sache – das ist das ganze Geheimnis von Kreativität.

Schöpferisches Tun kann Ihnen tiefe Entspannung und einen guten Ausgleich zum Alltag schenken. Holen Sie einfach Ihren alten Aquarellkasten aus dem Schrank und kaufen Sie sich einen Malblock. Experimentieren Sie auf eigene Faust mit Farben oder nehmen Sie an einem Zeichenkurs teil. Es gibt so viele Möglichkeiten: Kaufen Sie sich ein indisches Kochbuch, holen Sie die Gitarre aus dem Keller, singen Sie mit Ihren Kindern oder basteln Sie so lange an einigen Zeilen herum, bis dabei ein Gedicht entsteht.

Wichtig ist weniger, *was* Sie tun, als vielmehr, *wie* Sie es tun: Werfen Sie jegliches Leistungsdenken über Bord, bleiben Sie entspannt und spielerisch und lassen Sie sich von Ihrer Neugier und Begeisterung leiten.

25 Blitzentspannung

Die tiefe Entspannung der Muskulatur ist eine einfache Möglichkeit, Fehlhaltungen abzubauen und sich die Reise zur Seeleninsel zu erleichtern. Die Idee, die hinter muskelentspannenden Methoden steckt, ist einfach: Um dem Muskel die Möglichkeit zu einer gründlichen Entspannung zu geben, müssen Sie ihn zuvor kräftig anspannen. Je stärker die Anspannung ist, desto intensiver wird anschließend die Lösung erlebt.

Für die meisten Entspannungstechniken brauchen Sie etwas Zeit. Sie können aber auch einen »Schnellausflug nach innen« machen und innerhalb von 2 bis 3 Minuten zur Ruhe finden. Dafür eignet sich die »Blitzentspannung« besonders gut. Sie können sie jederzeit zwischendurch im Alltag ausführen, da sie sowohl im Stehen als auch im Sitzen ausgeübt werden kann. In der Blitzentspannung werden Muskeln angespannt, die reflektorisch mit dem ganzen Körper in Verbindung stehen: die Fäuste, die Bauch- und Schultermuskeln.

Und so funktioniert die Blitzentspannung:

Atmen Sie langsam durch die Nase ein. Halten Sie dann die Luft kurz an und spannen Sie gleichzeitig beide Fäuste, die Bauchmuskeln und die Schultern an.

Halten Sie die Spannung und die Luft 4 Sekunden lang an. Lassen Sie alle Muskeln dann plötzlich los und atmen Sie gleichzeitig durch den Mund aus. Pausieren Sie kurz und wiederholen Sie die Übung dann noch einmal:

1. Durch die Nase einatmen;
2. Luft anhalten und gleichzeitig Fäuste, Bauchmuskeln und Schultern anspannen – die Spannung 4 Sekunden halten;
3. alle Muskeln schlagartig entspannen und dabei tief durch den Mund ausatmen.

26 *Worte der Ruhe*

Die Worte, die Sie benutzen, wirken sich vermutlich stärker auf Ihr Leben aus, als Ihnen bewusst ist. Worte haben eine ungeheure Macht. Wir sprechen in Worten, denken in Worten und wir beeinflussen uns selbst durch die Worte, die wir gewohnheitsmäßig einsetzen. Das ganze Geheimnis der Techniken des »Positiven Denkens« liegt in der Kunst, die richtigen Worte zu finden.

Ob ein anderer Mensch Ihnen sympathisch ist oder nicht, hängt stark damit zusammen, wie er mit Ihnen spricht. Bauen seine Worte und Sätze Sie auf? Unterstützen sie Sie oder hemmen und belasten sie Sie? Waren die Worte, die Ihre Eltern benutzten, liebevoll und fördernd, oder weckten sie bei Ihnen eher Ängste und Selbstzweifel? Um Ihre Seeleninsel sicher erreichen zu können, sollten Sie durch Erziehung und Konditionierung bedingte *Stress- und Sorgenprogramme* in Ihrem Gehirn durch *Vertrauens- und Kraftprogramme* ersetzen. Tun Sie das einfach, indem Sie sich Ihrer Gedanken und inneren Selbstgespräche bewusster werden und hier gezielt Veränderungen vornehmen.

Wenn Sie die Kraft der Ruhe in sich erleben wollen, sollten Sie auch Worte der Ruhe und Kraft benutzen.

Ersetzen Sie »Stress-Ausdrücke« ...

... durch »Power-Worte«

Hektik und Stress
Anregungen
Ich weiß nicht, wo mir der Kopf steht ...
Viele interessante Aufgaben warten ...
... muss ich schnell noch erledigen...
... ich habe jetzt Lust ...
... macht mich ganz nervös ...
... macht mich fröhlich und gelassen ...
Ich bin in Eile ...
Ich erledige eins nach dem anderen ...
...
...

Stellen Sie sich eine Liste Ihrer eigenen Stress- und Power-Worte zusammen! Sie werden staunen, wie stark sich das auf Ihre Gelassenheit auswirkt!

27 Dem Klang der Stille lauschen

Ein Grund dafür, dass wir so leicht zum Opfer von Stress werden, liegt darin, dass wir uns zu wenig Zeit für Sinneserfahrungen nehmen. Unser Gehirn nimmt täglich unendlich viele Informationen auf, meist jedoch auf einer sehr oberflächlichen Ebene. Um abzuschalten und unsere Mitte zu entdecken, müssen wir unsere Sinne verfeinern. Neben bewusstem Sehen und Spüren trainiert vor allem das bewusste Lauschen die Konzentration auf das Wesentliche.

Die »Übung des Lauschens« wirkt sehr entspannend und ist überaus einfach: Am besten, Sie führen sie in der Natur durch – im Wald, am Meer oder an einem Bächlein. Sie können sich aber auch auf eine Parkbank oder in Ihr Zimmer setzen: Schließen Sie die Augen, entspannen Sie sich und konzentrieren Sie sich für die nächsten 10 Minuten ganz auf das, was Sie hören.

Was hören Sie? Welche Geräusche dringen an Ihr Ohr? Hören Sie Autos, das Brummen Ihres Kühlschranks, Stimmen, die von draußen kommen? Können Sie Naturgeräusche wie Wind, Vogelgezwitscher oder das Donnern eines Gewitters hören? Ganz egal, was Sie hören, analysieren Sie nicht; unterscheiden Sie nicht zwischen »guten« und »schlechten« Geräuschen – lauschen Sie einfach.

Was geschieht, wenn Sie auf diese Weise in die Welt hineinhorchen? Verfeinert sich Ihr Hören? Spüren Sie, wie diese Art des »widerstandslosen Lauschens« Ihren ganzen Körper entspannt?

Gehen Sie nun noch einen Schritt weiter: Ziehen Sie Ihr Bewusstsein von den äußeren Geräuschen ab und lauschen Sie nach innen: Können Sie in sich Klänge hören? Etwa ein Summen, ein Rauschen oder das Geräusch Ihres Atems?

Wenn Sie ganz entspannt nach innen lauschen, können Sie nach einiger Zeit einen wunderbaren Klang hören. Dieser »Klang der Stille« ertönt jenseits der Welt der Geräusche. Wann immer Sie diesen Klang vernehmen können, werden Sie dabei tiefe Harmonie und inneren Frieden erfahren.

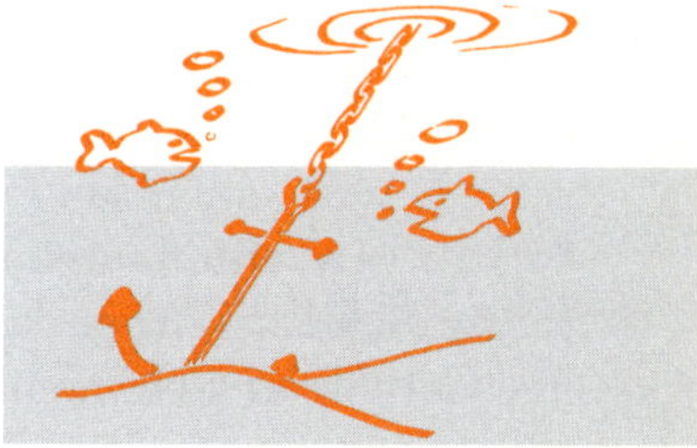

Ruhe »ankern« 28

Das »Ankern« gehört zu den wichtigsten NLP-Methoden. NLP (Neurolinguistisches Programmieren) ist eine moderne Kurzzeittherapie, die sich weniger mit der Analyse als vielmehr mit der Lösung von Problemen beschäftigt. Beim Ankern geht es darum, einen bestimmten Reiz zu setzen, um eine positive Wirkung abzurufen (siehe auch Kurztrip 56). In der Werbung werden »Anker gesetzt«, indem attraktive Menschen, schöne Musik und sinnliche Bilder, die allesamt positive Gefühle erzeugen, mit einem Produkt verbunden werden. Der Käufer koppelt diese positiven Gefühle unbewusst an das Produkt – die Kauflust wird angeregt.

Jeder kennt das Prinzip der Anker: Bestimmte Melodien lösen angenehme Erinnerungen aus; Farben verändern die Stimmung; das Geräusch eines Zahnarztbohrers lässt uns erschaudern. Doch wussten Sie, dass Sie Anker auch nutzen können, um sich zu entspannen oder in heiklen Situationen gelassen zu bleiben?

Probieren Sie es aus: Setzen Sie sich entspannt hin, schließen Sie die Augen und denken Sie an einen Moment in Ihrem Leben, in dem Sie sehr entspannt und geborgen waren; vielleicht tauchen Urlaubs- oder Kindheitserinnerungen auf. Gehen Sie tief in die damalige Szene hinein: Lassen Sie möglichst viele Details lebendig werden. Was hörten Sie damals (z.B. Wellenrauschen), was sahen Sie (z.B. eine Landschaft), welche Farben herrschten vor? Was genau taten Sie und wie fühlte sich Ihr Körper dabei an? Sobald Sie das damalige Gefühl der Geborgenheit und Ruhe wieder intensiv spüren, setzen Sie einen Anker:

Berühren Sie sich dazu an einer bestimmten Körperstelle, indem Sie beispielsweise Ihre linke Handfläche auf Ihren Bauch oder in die Mitte Ihrer Brust legen. Verbinden Sie diese Berührung mit dem Gefühl der Ruhe. Wiederholen Sie die Technik einige Male mit derselben und möglichst auch mehrmals mit einer Erinnerung an einen anderen entspannten Moment. Um den Anker im Alltag abzurufen, brauchen Sie dann nur Ihren Bauch oder die Brust zu berühren: Ihr Unterbewusstsein sorgt dafür, dass Sie sich sofort entspannen werden.

Entspannende Duftmassage

29

Schon in der Antike wurden aromatische Massagen eingesetzt, um Beschwerden zu lindern und Körper und Seele zu entspannen. Massagen wirken in hohem Maße stressmindernd und haben den Vorteil, dass Sie die Aufmerksamkeit auf den Körper lenken – Grübelei und sorgenvolle Gedanken werden dadurch im wahrsten Sinne des Wortes einfach wegmassiert.

Am schönsten ist es natürlich, wenn Sie einen Partner oder Freund haben, der Sie massieren kann. Doch Sie können auch viel für sich selbst tun, indem Sie ab und zu eine kleine Selbstmassage durchführen. Die Anwendung ist einfach:

Mischen Sie sich zunächst ein entspannendes Massageöl: Als Basisöl verwenden Sie am besten hochwertiges Mandel- oder Jojobaöl. Um die lösenden und wohltuenden Wirkungen noch zu erhöhen, sollten Sie dieses Öl mit einer Duftessenz anreichern. Geben Sie dazu einfach 3 bis 4 Tropfen Lavendelöl (z.B. *Lavendula vera*) auf 1 EL Basisöl. Sie können auch andere ätherische Entspannungsöle verwenden. Folgende Mischungen sind besonders empfehlenswert:

- 2 EL Mandelöl + 3 bis 4 Tropfen Ylang-Ylang (*Cananga odorata*)
- 2 EL Mandelöl + 3 Tropfen Rosenöl (*Rosa damascena, Rosa centifolia*)
- 2 EL Jojobaöl + 4 bis 5 Tropfen Römische Kamille (*Anthemis nobilis*)

Nachdem Sie sich Ihr Massageöl gemischt haben, geben Sie einfach etwas Öl in die Handfläche und massieren mit sanften, kreisenden Bewegungen den oberen Bereich Ihrer Brust. Gießen Sie dann nochmals etwas Öl in die Hände und gleiten Sie mit langsamen kreisenden und streichenden Bewegungen über Nacken und Schultern. Falls dieser Bereich verspannt ist, können Sie sich auch etwas kräftiger massieren. Konzentrieren Sie sich dabei aber nicht nur auf die Massagebewegungen, sondern auch auf die entspannenden Düfte.

Nehmen Sie sich nach der Massage etwas Zeit, um den wohltuenden Wirkungen nachzuspüren.

30 *Tief ausatmen*

Die Hektik des Alltags lässt uns oft kaum noch zu Atem kommen. Wir hetzen von einem Termin zum anderen und vergessen dabei oft, wie wichtig die Entspannung für unser Wohlbefinden und unsere Gesundheit ist. Ein einfacher Trick kann jedoch helfen, zwischendurch schnell zur Ruhe zu kommen:

Es geht im wahrsten Sinne des Wortes darum, einmal richtig *durchzuatmen*. Durch den Atem können Sie Verbindung zu einem sehr lebendigen Teil Ihrer Persönlichkeit aufnehmen. Und durch das Ausatmen können Sie alles loslassen, was Sie belastet, Ihnen Angst macht und Sie in Unruhe versetzt. Wann immer Sie spüren, dass Sie die Nerven verlieren, sollten Sie *tief ausatmen*!

Am entspannendsten wirkt die Atmung dann, wenn das Ausatmen deutlich länger ist als das Einatmen. Atmen Sie also normal durch die Nase ein und füllen Sie Ihre Lungen mit Sauerstoff. Anschließend atmen Sie tief und langsam durch den Mund aus. Bremsen Sie den Atemstrom, indem Sie den Mund formen, als würden Sie pusten. Pusten Sie jedoch ganz sanft – nicht so, als wollten Sie eine Kerze ausblasen, sondern nur so leicht, dass Sie den Atemstrom gerade noch spüren, wenn Sie Ihre Handfläche 10 cm vor Ihren Mund halten. Erzeugen Sie keinen Sturm, sondern nur eine sanft Brise.

Probieren Sie es aus: Atmen Sie durch die Nase ein und blasen Sie die Luft durch die leicht geöffneten Lippen sanft aus. Wenn Sie für das Einatmen zum Beispiel fünf Sekunden benötigen, können Sie leicht doppelt so lange ausatmen.

Alle Atemformen, die das Ausatmen betonen, wirken sehr entspannend und bauen Stress ab. Dazu gehören insbesondere Seufzen, Stöhnen, Gähnen oder Lachen. Nutzen Sie das lange Ausatmen sooft wie möglich. Lassen Sie sich vom austretenden Atemstrom auf Ihre Seeleninsel tragen. Dies gelingt umso leichter, je öfter Sie diese Atemweise praktizieren. Selbst wenn Sie nur zwei Minuten lang immer wieder doppelt so lange aus- wie einatmen, werden Sie spüren, wie unglaublich wohltuend diese einfache Übung ist.

31 Visualisierung – Ein Nickerchen am Strand

Was Sie täglich wahrnehmen, können Sie nicht beeinflussen. Hochhäuser, Autobahnen und unfreundliche Gesichter bleiben nun einmal unerfreulich. Doch Ihre innere Welt können Sie frei gestalten! Durch bewusst gelenkte Tagträume erschaffen Sie sich ein inneres Paradies. Wenn Sie innere Bilder ganz lebendig werden lassen, wird Ihr Unterbewusstsein nicht zwischen Traum und Wirklichkeit unterscheiden können. Ihre Fantasie wird den Traum in Wirklichkeit verwandeln.

Die Technik der Visualisierung schenkt Ihnen schöne Erfahrungen. Sie können sich jederzeit auf Ihre Seeleninsel träumen. Je öfter Sie das tun, desto plastischer die Details und entspannender die Wirkung. Dunkeln Sie Ihr Zimmer ab und schalten Sie das Telefon aus. Legen Sie sich bequem auf den Rücken – am besten auf einen weichen Teppich oder auf ein Sofa. Achten Sie darauf, dass Sie ganz entspannt liegen und nicht frieren. Lassen Sie die Gedanken zur Ruhe kommen, den Atem frei strömen und stellen Sie sich vor:

Sie liegen an einem wunderschönen Strand. Ihre Augen sind geschlossen. Der Himmel ist ein wenig bewölkt, aber es ist ganz warm. Selbst der Wind, der sanft über Ihre Haut weht, ist warm. Sie spüren Ihren Körper. Sie spüren, wie Ihre Waden, Ihr Gesäß, Ihr Rücken und Ihr Kopf den Sand berühren. Der Sand ist angenehm – so weich und warm. Genießen Sie diesen Moment.

Ihr ganzer Körper ist warm und schwer. Sie hören das Rauschen des Meeres und aus der Ferne hören Sie das Schreien der Möwen. Der Wind streichelt Ihre Haare und ab und zu scheint die wärmende Sonne auf Ihre Haut. Durch Ihre geschlossenen Lider sehen Sie das gelb-orange Licht, das die Sonne schenkt. Sie fühlen sich geborgen und entspannt und Sie genießen diesen Augenblick mit Körper und Seele ...

Beenden Sie die Übung, indem Sie langsam ins Hier und Jetzt zurückkommen. Spüren Sie Ihren Körper, vertiefen Sie die Atmung, strecken Sie sich und öffnen Sie erst dann die Augen.

32

Balsam für müde Augen

Tag für Tag empfangen unsere Augen eine Unmenge an visuellen Reizen. Der überwiegende Teil der Informationen, die wir aufnehmen und im Gehirn verarbeiten müssen, wird über das Sehen vermittelt. »Sehen« Sie sich unsere bunte, am Konsum orientierte Welt einmal an: Sie besteht zu einem guten Teil aus einem Bombardement an optischen Reizen. In vielen Häusern läuft stundenlang der Fernseher. Wir sitzen vor dem Computer, surfen durchs Internet und nehmen täglich zahlreiche Informationen über Tageszeitungen, Zeitschriften und Bücher auf. Und selbst dort, wo wir es gar nicht wollen – etwa beim Weg von der Arbeit nach Hause –, nehmen unsere Augen zwangsläufig Reize auf, beispielsweise durch Werbeplakate oder auch durch Autos, Fußgänger oder Cockerspaniels, die uns auf der Straße entgegenkommen.

Entspannen Sie Ihre Augen zwischendurch sooft Sie können. Überanstrengte, müde Augen erzeugen Anspannungen in Körper und Seele. Vor allem wenn Sie viel vor dem Bildschirm arbeiten, sollten Sie Ihre Augen immer wieder einmal schließen: »Aus den Augen, aus dem Sinn.« Was Sie nicht sehen, belastet Sie nicht; zumindest aber können Sie dabei kurzzeitig abschalten. Darüber hinaus erleichtern geschlossene Augen den Blick nach innen ...

Schließen Sie die Augen und entspannen Sie Ihren Geist. Schauen Sie einfach in die wohltuende Dunkelheit, die hinter Ihren Augenlidern entsteht.

Sie können auch die Handballen einige Sekunden lang fest aneinander reiben und sie dann sanft auf Ihre Augenlider legen. Spüren Sie die Wärme Ihrer Hände und entspannen Sie auch den Bereich um die Augen. Wahrscheinlich werden Sie bemerken, dass Ihr Atem ruhiger wird und Ihre Gedanken sich entspannen, sobald Sie Ihren Augen etwas Ruhe gönnen.

Einfach ausruhen und nichts tun 33

Sie sollten sich ab und zu etwas Zeit nehmen, um gar nichts zu tun und sich einfach nur auszuruhen. Dafür genügen schon zwei bis drei Minuten. Normalerweise sind wir es gewöhnt, von morgens bis abends aktiv zu sein. Und selbst wenn wir glauben, »Ruhepausen« einzulegen, tun wir dabei meistens nicht wirklich »nichts«. Vielmehr lesen wir die Zeitung oder trinken eine Tasse Kaffee.

Der französische Philosoph Blaise Pascal schreibt dazu: »Ich habe entdeckt, daß alles Unglück der Menschen von einem einzigen herkommt; daß sie es nämlich nicht verstehen, in Ruhe in einem Zimmer zu bleiben.« Tatsächlich fällt es den meisten von uns sehr schwer, einmal gar nichts zu tun.

Richtiges Ausruhen ist eine Kunst. Diese Kunst können Sie beispielsweise auf Ihrem Sofa üben. Natürlich können Sie sich auch auf eine Parkbank setzen oder sich an eine Hauswand lehnen. Letztlich ist es egal, ob Sie liegen, sitzen oder stehen – wichtig ist nur, dass Sie

kurzzeitig jede Aktivität einstellen! Das heißt, dass Sie sich für diesen Moment nicht fortbewegen. Außerdem sollten Sie:

- nicht reden
- nicht lesen
- nicht fernsehen
- nicht grübeln

Schalten Sie Ihr Telefon und Ihr Handy aus. Kommen Sie zur Ruhe. Sagen Sie sich innerlich: »Ich tue jetzt nichts. Ich ruhe mich aus – das genügt vollkommen.« Entspannen Sie sich, so gut Sie können.

Konzentrieren Sie sich völlig auf das »Hier und Jetzt«. Wenn Sie liegen, so werden Sie sich dessen ganz und gar bewusst; denken Sie: »Ich liege und entspanne mich.« Wenn Sie sitzen sagen Sie sich: »Ich sitze ganz entspannt.« Mehr gibt es während dieser Verschnaufpause nicht zu tun. Das scheint ganz einfach zu sein, nicht wahr? Probieren Sie mal aus, ob Sie drei Minuten durchhalten ...

Kraft schöpfen

Ein Starker weiß mit seiner Kraft hauszuhalten. Nur der Schwache will über seine Kraft hinaus wirken.

Georg Christoph Lichtenberg

Die zweite Hauptroute, die Sie direkt auf Ihre Seeleninsel führt, ist die *Route der Kraft*. Im Gegensatz zur Route der Ruhe, die einer gemütlichen Fahrt auf einem Ozeandampfer entspricht, ist die *Route der Kraft* eher mit einem Segeltörn vergleichbar. Der »Weg der Kraft« ist dynamischer; hier geht es um

aktivieren und Energien sammeln!

Stellen Sie sich vor, wie Sie in einem Segelboot sitzen. Ein kräftiger Wind lässt sie in »Windeseile« über die Wellen gleiten. Sie atmen den salzigen Geruch des Meeres ein, spüren die Gischt auf Ihrer Haut. Das weiße Segel ragt weit in den blauen Himmel hinein, wo kleine Wölkchen entlangziehen und Sie auf Ihrem Weg begleiten. Und während Sie den Kontakt zu Luft, Wasser und Sonne spüren, erleben Sie, wie es sich anfühlt, ganz wach und voller Energie zu sein ...

Die 33 Kurztrips, die Sie auf der *Route der Kraft* kennen lernen, helfen Ihnen, Ihre Lebensenergie zu aktivieren. Sicher wissen Sie, wie schön es ist, voller Energie zu sein, und wie es sich anfühlt, »Bäume ausreißen zu können«. Je mehr Energie Ihnen zur Verfügung steht, desto mehr Freude wird Ihnen Ihr Leben machen. Im Gegensatz dazu hindern Trägheit und chronische Müdigkeit Sie daran, Ihre Ziele zu erreichen und Ihr Potenzial zu verwirklichen.

Zwar ist heute oft von »Energiesparen« die Rede, doch viele Menschen gehen mit ihrer Lebensenergie alles andere als behutsam um. Im Fernen Osten erkannte man schon vor Jahrtausenden, wie wertvoll die Lebensenergie ist. Die Weisen im Alten China sagten: »Hat Wasser eine Quelle, wird es lange fließen. Sind die Wurzeln stark, wird der Baum kräftig wachsen. Pflegen Menschen ihre Lebensenergie, werden sie lange leben.«

Die 33 Kurztrips zum Zentrum Ihrer persönlichen Energie helfen Ihnen, mehr Power und Lebenslust zu entwickeln. Sie schützen Sie vor Stress, wirken dem Burn-out-Syndrom entgegen und helfen gegen depressive Stimmungen und Erschöpfung. Durch die 33 kleinen Power-Ausflüge auf Ihre Seeleninsel können Sie zwischendurch schnell neue Kraft schöpfen und Ihre Energiereserven wieder auffüllen. Dies ist außerordentlich wichtig, denn nur wenn Sie über ein ausreichendes Maß an Energie verfügen:

- können die alltäglichen Belastungen Sie nicht aus der Ruhe bringen;
- werden Sie erreichen, was Sie sich wünschen;
- wird Ihr Körper gesund und vital bleiben;
- können Sie ein hohes Alter erreichen;
- können Sie Ihren Mitmenschen helfen;
- können Sie Ihre Kräfte auf das Wesentliche konzentrieren.

Wie gesagt sind es *drei Hauptrouten*, die es Ihnen ermöglichen, zu sich zu kommen und einen Ausgleich zu Alltagsbelastungen zu schaffen – die *Route der Ruhe*, die *Route der Kraft* und die *Route der Klarheit*. Diese drei Wege sind aber nicht voneinander getrennt, sondern gehen ineinander über. Auch wenn die Betonung bei den folgenden *33 Kurztrips nach innen* auf »Kraft und Energie« liegt, helfen die Methoden Ihnen zugleich, Ruhe und Klarheit zu entwickeln. Wie alle anderen Techniken dienen auch die folgenden 33 »Tricks« dazu, Stress abzubauen, energieraubende Verhaltensmuster zu durchbrechen und ein paar kleine, aber wichtige Schritte in Richtung Wohlbefinden, Lebensfreude und Harmonie zu gehen.

34 »Es ist leicht«

Unser Kopf ist ein Ort, an dem wir viel Energie verschwenden und uns das Leben schwer machen! Gedanken, Einstellungen und Vorstellungen beeinflussen das Lebensgefühl enorm. Wenn Sie glauben, dass das Leben ein Kampf ist, bleibt Ihnen nichts übrig, als Ihr Leben kämpfend und streitend zu verbringen. Sind Sie hingegen der Auffassung, dass Sie hier sind, um interessante Erfahrungen zu machen, wertvolle Menschen kennen zu lernen und Ihre Begabungen zu nutzen, wird Ihr Lebensgefühl von Leichtigkeit und Begeisterung geprägt sein.

Um auf Ihre Seeleninsel zu gelangen, ist es wichtig, Ballast abzuwerfen. Negative Gedanken, Ängste, Sorgen und trübe Stimmungen wiegen schwer und rauben Kräfte. Wenn Sie mehr Schwung und Energie haben wollen, müssen Sie eine neue, unbeschwertere Haltung einüben:

Stellen Sie sich vor, dass alle Aufgaben, die heute auf Sie warten, Ihnen leicht fallen werden. Nutzen Sie die Kraft Ihrer Vorstellung, um sich lebhaft einzubilden, dass Ihnen alles äußerst leicht von der Hand gehen wird. Ein-bild-ung kann sehr hilfreich sein; indem Sie innere Bilder schaffen, können Sie Ihre Wirklichkeit verändern! Ob Sie also eine Besprechung haben, Nudeln kochen, Staub saugen müssen oder zum Joggen gehen: Stellen Sie sich vor, dass es leicht sein wird. Schließen Sie die Augen, konzentrieren Sie sich auf Ihr Vorhaben und stellen Sie sich vor, wie Sie mit Leichtigkeit und lächelnd tun, was zu tun ist.

In Italien beobachteten wir mal ein Zimmermädchen, das jeden Vormittag über 40 Zimmer auf Hochglanz brachte und dabei neapolitanische Lieder sang. Sie war immer gut gelaunt und voller Energie. Mitten in der Arbeit befand sie sich aber zugleich auch auf ihrer Seeleninsel. Statt mentale Hindernisse aufzubauen, stand für sie fest, dass ihr die Arbeit Spaß macht. Und warum sollte man auch mit finsterem Gesicht an die Sache herangehen, wenn man sich auch für Leichtigkeit und gute Laune entscheiden kann?

Dehnen, strecken, räkeln 35

Sie können Ihre Lebensenergie durch eine einfache Methode steigern. Dazu müssen Sie sich nur immer wieder einmal an Ihren Körper »erinnern«. Wir alle neigen dazu, unseren Körper einfach zu vergessen. Kein Wunder – verführt unsere zivilisierte Lebensweise uns doch, viele Stunden regungslos an Schreibtischen und Computern oder vor dem Fernseher zu sitzen.

Unser Körper bildet die natürliche Basis unseres Daseins. In ihm stecken enorme Energien! Ein einfacher, wirkungsvoller Trick hilft Ihnen, innerhalb kürzester

Zeit aus Ihrem Kopf heraus- und wieder in Ihren Körper hineinzukommen: Dehnen, strecken und räkeln Sie sich öfter einmal so ausgiebig wie möglich. Sie können beispielsweise:

- die Arme senkrecht über den Körper ausstrecken;
- den Kopf nach unten hängen lassen, bis das Kinn die Brust berührt:
- Oberkörper und Arme im Stehen nach unten hängen lassen;
- sich aufrecht auf den Boden setzen, die Beine nach vorne strecken und die Zehen zum Körper ziehen;
- sich auf die Zehenspitzen stellen und den ganzen Körper weit nach oben dehnen, so als wollten Sie einen Apfel von einem hohen Ast pflücken ...

In vielen Fitness-Büchern finden Sie kleine Stretching-Programme, die nur wenige Minuten in Anspruch nehmen und Verspannungen lösen. Natürlich können Sie sich auch einfach von Ihrem Gefühl leiten lassen oder etwas von den Katzen abschauen, die wahre Meister im Strecken und Dehnen sind.

Ein paar kurze Stretching-Übungen genügen, um Stoffwechsel und Durchblutung anzuregen und die Muskeln beweglich und geschmeidig zu halten. Wichtig ist, dass Sie sich Zeit nehmen. Gehen Sie langsam in die Dehnung und halten Sie sie mindestens 20 Sekunden. Lassen Sie den Atem dabei sanft weiterfließen und genießen Sie die intensive Körperwahrnehmung in der Dehnung.

Schützen Sie sich vor Energieräubern

36

Jeder Mensch hat ein großes Energie-Potential. Der Grund dafür, dass manche vor Unternehmungslust nur so sprühen, während andere sich wie gelähmt fühlen, ist weniger eine Sache der Veranlagung als vielmehr der Lebensweise. Hüten Sie Ihre Energietanks wie einen wertvollen Schatz! Um sich vor Energieräubern zu schützen, sollten Sie sich bewusst machen, was Ihnen Energie raubt; ferner sollten Sie dann Entscheidungen treffen, die dazu führen, dass Energieräuber Ihr Wohlbefinden nicht länger stören können.

Mit jedem Energiekiller, den Sie überwinden, kommen Sie Ihrer Seeleninsel einen gewaltigen Schritt näher. Die folgende Liste zeigt häufige und besonders gefährliche Energieräuber:

- *Alkohol* (alles was über ein Gläschen am Tag hinausgeht, ist zu viel).
- *Nikotin* (rauchen Sie möglichst gar nicht oder nur zu besonderen Anlässen).
- *Drogen* (dazu gehören Kokain, Haschisch, aber auch Beruhigungs- und Aufputschmittel; in größeren Mengen kann auch Kaffee zur »Droge« werden).
- *Falsche Ernährung* (fette, vitalstoffarme Speisen, Konservenkost, Süßigkeiten und die Angewohnheit, zu viel zu essen – all das raubt uns wertvolle Kräfte).
- *Negatives Denken* (Sorgen, Ängste, Grübelei, Neid usw. sind Gift für Körper und Seele).
- *Bewegungsmangel* (ein 20-minütiger Spaziergang täglich ist das Minimum).
- *Stress* (Termindruck, Überlastungen, Monotonie am Arbeitsplatz, Beziehungsstress – kurzum alles, was unglücklich macht, raubt Energien).

Lassen Sie nicht zu, dass Körper- und Seelengifte Sie langsam zerstören. Denken Sie daran: Sie können Ihre Lebens-, Ernährungs- und Verhaltensweisen sofort verändern. Noch in diesem Augenblick können Sie wichtige Entscheidungen treffen und sich von allem befreien, was Ihrem Glück im Wege steht.

37 Grounding: Die Erde spüren

Die Erde ist eine Quelle unendlicher Energie. Alle Lebewesen werden von ihr getragen und genährt. Wenn Sie mit beiden Füßen auf dem Boden stehen, wird Sie nichts mehr umwerfen. Je öfter Sie Kontakt zu »Mutter Erde« aufnehmen, desto schneller werden Sie Vertrauen und Geborgenheit entwickeln; die Nähe zur Erde verleiht Kraft und Stabilität und löst Unruhe und Ängste auf.

Das Leben in der modernen Zivilisation schneidet uns leider oft von unseren natürlichen Energiequellen ab. Trotzdem: Wir können jederzeit zu unserem Ursprung zurückkehren. Dazu müssen wir nicht gleich zu Schamanen werden – es genügt schon, wenn wir uns bewusst machen, dass wir ein lebendiger Teil der Erde sind. Und dazu gibt es viele Gelegenheiten, etwa bei einem Spaziergang, bei einem Picknick im Grünen oder am Ufer eines Sees.

Wenn Sie sich zu Hause mit den Energien der Erde aufladen möchten, dann ist die folgende Technik, die ihren Ursprung in indianischen Tänzen hat, ideal – das »Grounding« (engl. »ground« = »Boden«, »Erde«). Durch Grounding können Sie schnell einen intensiven Kontakt zum tragenden Boden aufnehmen.

Stehen Sie barfuß auf weicher Unterlage – etwa auf einem dicken Teppich oder einer Wolldecke. Schließen Sie die Augen und spüren Sie Ihre Fußsohlen. Stellen Sie sich vor, wie aus Ihren Fußsohlen Wurzeln durch das Gebäude und den Keller bis tief in die Erde wachsen. Gehen Sie nun leicht in die Knie und stampfen Sie abwechselnd mit den Füßen auf den Boden. Stampfen Sie kräftig vom rechten auf den linken Fuß. Heben Sie die Füße dabei jeweils nur ein kleines Stück vom Boden ab und achten Sie darauf, die Knie nie durchzustrecken, sondern immer leicht gebeugt zu lassen!

Führen Sie diesen einfachen »Tanz« einige Minuten lang durch und versuchen Sie, Ihren eigenen Rhythmus zu finden. Entspannen Sie sich anschließend und spüren Sie, wie diese einfache Übung Sie mit neuer Energie auflädt.

38

Die Yoga-Energieatmung

Wenn Sie gestresst sind, Ihnen alles zu viel wird und Sie sich erschöpft fühlen, wird es höchste Zeit, wieder einmal *tief durchzuatmen*. Sie können Ihre Atmung einsetzen, um neue Energien zu tanken. Durch das Atmen werden alle Zellen mit frischem Sauerstoff versorgt, während Gifte ausgeschieden werden. Einige bewusste Atemzüge genügen bereits, um die Lebensenergie anzuregen.

Im Yoga wurde die Bedeutung der »richtigen«, das heißt der tiefen, gründlichen Atmung schon vor Jahrtausenden erkannt. Yogameister entwickelten eine effektive Übung, die heute noch in sämtlichen Yogaschulen gelehrt wird – die »Yoga-Energieatmung«, die auch als »Yoga-Vollatmung« bekannt ist.

Grundsätzlich können Sie nach unten in den Bauch, seitlich in die Rippen oder nach oben in die Brust atmen. Die Yoga-Energieatmung verbindet nun alle drei Atemformen miteinander. Durch sie füllen Sie sämtliche »Lufttanks« – Bauch, Flanken und Brustkorb – und aktivieren dadurch den ganzen Körper.

Sie können die Yoga-Energieatmung im Liegen, Sitzen oder Stehen durchführen. Anfangs ist es am leichtesten, sich entspannt auf den Boden zu legen und die Füße aufzustellen, sodass die ganze Wirbelsäule den Boden berührt. Um den Atem zu spüren, legen Sie eine Hand auf den Bauch, die andere auf die Brust. Atmen Sie tief durch die Nase aus. Atmen Sie dann langsam durch die Nase ein – zunächst in den Bauch; sobald die Bauchdecke sich hebt, atmen Sie weiter in die Flanken – die Rippen weiten sich; zuletzt atmen Sie in den Brustkorb, der sich dabei ebenfalls leicht dehnt. (Die drei Phasen sollten eine einzige sanfte, wellenförmige Atembewegung bilden.)

Am Ende der Einatmung atmen Sie entspannt und tief aus und beginnen dann einen neuen Zyklus. Ein- und Ausatmung sollten je mindestens 8 Sekunden dauern. Führen Sie die Yoga-Atmung insgesamt siebenmal durch. Atmen Sie ausschließlich durch die Nase und achten Sie auf die wohltuenden Wirkungen.

»Ich bin – Kraft« 39

Durch die Macht der Worte wird es möglich, Ihr Bewusstsein mit Kraft zu füllen. Wenn Sie den Begriff »Kraft« als Meditationsobjekt benützen, können Sie neue Energien in Körper, Seele und Geist strömen lassen.

Der folgende meditative Ausflug kann Sie in wenigen Minuten auf Ihre Seeleninsel bringen. Ihr Bewusstsein entscheidet, ob Sie kraftlos und ausgepowert sind oder sich beschwingt und voller Energie fühlen. Es gibt Menschen, die ihre Aufgaben mit Elan durchführen, obwohl sie schon sehr alt sind oder unter chronischen Erkrankungen leiden. Andere sind jung und vollkommen gesund und fühlen sich doch von einer enormen Last bedrückt, die sie lähmt. Die Frage ist also, ob wir mit unserer inneren Energiequelle verbunden sind oder nicht. Falls nicht, ist die folgende Technik besonders hilfreich.

Um sich mit Ihrer inneren Kraftquelle zu verbinden, genügen 10 bis 15 Minuten: Setzen Sie sich auf den Boden oder auf einen Stuhl; schließen Sie die Augen und halten Sie die Wirbelsäule aufrecht, ohne sich anzulehnen. Kommen Sie innerlich zur Ruhe, während Sie den Atem sanft ein- und ausströmen lassen.

Beginnen Sie nun, mit den Worten »ICH BIN – KRAFT« zu pendeln; das heißt, dass Sie bei jedem Einatmen »ICH BIN«, bei jedem Ausatmen »KRAFT« denken. Sagen Sie sich die Worte nur innerlich, ohne sie auszusprechen. Beeinflussen Sie den Atem nicht. Lassen Sie ihn einfach kommen und gehen; nützen Sie ihn nur, indem Sie mit jedem Einatmen »ICH BIN« und mit jedem Ausatmen »KRAFT« denken.

Wenn Sie Ihre Gedanken auf diese Weise zur Ruhe kommen lassen, werden Sie die Kraft als spürbare Qualität erleben. Nicht nur Ihr Geist, auch Ihr Körper wird sich auf diese Weise mit neuer Kraft aufladen. Führen Sie die Übung ganz entspannt durch; Sie brauchen keine Willenskraft, sondern nur etwas Geduld. Wenn Sie während der Übung noch ein sanftes Lächeln um Ihre Lippen zaubern können, sind Sie auf dem richtigen Weg.

Bringen Sie Bewegung in Ihr Leben

40

Bewegungsmangel ist der Energiekiller Nummer eins! Noch nie haben sich Menschen so wenig bewegt wie heute; Übergewicht, Herzerkrankungen, Schlafstörungen und chronische Erschöpfung sind nur einige Folgen eines allzu bequemen Lebenswandels. Wenn Sie Ihre Lebensenergie vervielfachen möchten, sollten Sie be-

denken, dass Leben ohne Bewegung nicht möglich ist. Leben heißt fließen. Nur wenn Sie »im Fluss« sind, kann Ihr Blut optimal durch Ihren Körper strömen. Nur wenn Sie in Bewegung bleiben, kann die Lymphe Gifte ausscheiden, können Ihre Muskeln, Gelenke und Organe gesund bleiben.

Der Satz »Sich regen bringt Segen« hört sich zwar banal an, trifft aber absolut zu. Bewegung erhöht die Ausdauer, vertieft die Atmung und trainiert Herz und Kreislauf. Wer aktiv ist, stärkt sein Immunsystem und baut Stress ab.

Wenn Ihnen daran gelegen ist, Ihre Mitte zu finden und Ihrer Seeleninsel einen kleinen Besuch abzustatten, dann sollten Sie wissen, dass körperliches Wohlbefinden seelische Harmonie erzeugt. Körper und Seele beeinflussen sich wechselseitig. Was immer Ihren Körper in Schwung bringt, erfüllt auch Seele und Geist mit neuer Energie. Schon kleine Bewegungseinheiten können hierbei wahre Wunder wirken. Um Körper, Seele und Geist zu beleben, müssen Sie nicht zum Sportler werden – es genügt vollkommen, wenn Sie:

- täglich 15 bis 20 Minuten lang spazieren gehen;
- das Auto stehen lassen und mit dem Fahrrad zum Einkaufen fahren;
- statt des Aufzugs die Treppen benutzen;

- zwischendurch immer wieder einmal aufstehen, sich durchdehnen und Arme und Beine ein wenig ausschütteln;
- die Art der Bewegung finden, die Ihnen liegt; es ist egal, ob Sie lieber zum Tanzen gehen, im See schwimmen, Inlineskaten oder mit Ihrem Hund spazieren gehen – Hauptsache, Sie werden aktiv.

41

Eine kleine Bauchmassage: Die »36 Kreise«

Im Fernen Osten gilt das *Tan-Tien* als das energetische Zentrum des Menschen. Dieses Kraftfeld liegt in der Bauchmitte, etwa zwei bis drei Finger breit unterhalb des Bauchnabels. Chinesische und japanische Heiler wissen, dass die vitalen Kräfte sich in dieser Zone konzentrieren und nennen sie daher die »Quelle des Lebensstroms«. Auch im Tai Chi oder Qi Gong wird die Konzentration auf das *Tan-Tien* genutzt, um Energien zu wecken und zu lenken.

Eine einfache Massagetechnik hilft Ihnen, die Lebensenergie im *Tan-Tien* zu wecken. Wird die vitale Energie aktiv, können Sie dies in Form von Wärme, einem Kribbeln oder auch als Lichterfahrung wahrnehmen. Die Bauchmassage der »36 Kreise« regt den Energiefluss im ganzen Körper an, sie hilft gegen innere Unruhe und Anspannungen und setzt schnell neue Energien frei.

Die Durchführung ist einfach. Auf nackter Haut wirkt die Massage am besten. Es genügt, den Bauch etwas freizumachen; ein Massageöl wird nicht benötigt. Stehen Sie aufrecht und entspannt, schließen Sie die Augen und legen Sie die linke Handfläche etwas unterhalb des Nabels auf den Bauch; die rechte Handfläche legen Sie einfach auf den linken Handrücken. Spüren Sie den Kontakt der Hände zum Bauch und lassen Sie den Atem frei strömen.

Beginnen Sie nun, sanft mit den Händen im Uhrzeigersinn zu kreisen. Beschreiben Sie mit den Händen 36 Kreise rund um den Nabel. Führen Sie das Kreisen erst langsam und schließlich immer schneller durch; gegen Ende verlangsamen Sie die Kreisbewegung wieder. Sobald Sie die 36 Kreise vollendet haben, wiederholen Sie das Ganze auch gegen den Uhrzeigersinn. Lassen Sie die Hände am Schluss noch kurz auf dem Bauch aufliegen und spüren Sie, wie sich die Wärme vom Bauch aus in den ganzen Körper ausbreitet.

Falls es die Umstände erfordern, können Sie die Bauchmassage auch über einem T-Shirt oder Pulli durchführen – die Wirkung ist dabei fast ebenso gut.

Orangen- und Zitronendüfte 42

Die Alten Ägypter wussten schon vor rund 5000 Jahren, dass Düfte unsere Stimmungen in Sekundenbruchteilen verbessern können. Wenn wir einige Düfte in unser Leben zaubern, können wir unserer Seele Flügel verleihen. In der Aromatherapie werden aromatische Essenzen bewusst eingesetzt, da Düfte unsere Gefühle über das Unterbewusstsein sehr rasch positiv verändern können.

Ebenso wie bestimmte Aromen beruhigend wirken, gibt es auch Düfte, die Körper und Seele aktivieren und uns innerhalb kürzester Zeit mit neuen Energien aufladen. Interessanterweise hat sich gezeigt, dass es vor allem Zitrusdüfte sind, die Müdigkeit und Erschöpfung vertreiben. Dies ist kein Wunder, denn gerade Zitronen, Orangen & Co speichern besonders viel belebende Sonnenenergie. Die besten Powerdüfte für Körper und Seele sind:

Orange (*Citrus sinensis*);
süßes, mildes Aroma; wirkt aufmunternd und energiespendend, hilft bei depressiven Verstimmungen.

Zitrone (*Citrus limon*);
stark aktivierendes Öl; vertreibt düstere Gedanken und wirkt Angst lösend.

Mandarine (*Citrus reticulata*);
süßlich-frischer Duft; aktiviert die Sinnlichkeit.

Bitterorange (*Citrus aurantium*):
fruchtig-süßes Aroma; hilft bei Niedergeschlagenheit und körperlicher Erschöpfung.

Grapefruit (*Citrus paradisi*):
fruchtig-herber Duft; wirkt stimmungsaufhellend und erfrischend, weckt die Kreativität.

Verwenden Sie ausschließlich naturreine (keine »naturidentischen«) Aromaöle. Für die Anwendung träufeln Sie 4 bis 6 Tropfen in eine mit Wasser gefüllte Duftlampe und lassen das Öl in Ihrer Wohnung verdampfen. Sie können auch zwei Tropfen in ein Taschentuch träufeln und immer wieder einmal daran schnuppern. Nehmen Sie den Duft bewusst wahr und achten Sie auf die erfrischende Wirkung.

Raus aus der Opferlamm-Perspektive!

43

Sich selbst als Opferlamm zu sehen ist eine gefährliche Sichtweise. Jeder von uns neigt mitunter dazu, die »böse Welt«, den »gemeinen Chef«, den »rücksichtslosen Partner« oder gar das »schlechte Wetter« für das eigene Unglück verantwortlich zu machen. Dass wir selbst »Opfer der Umstände« sind, ist jedoch nichts weiter als eine Perspektive, die wir einnehmen oder ablegen können.

Die Opfer-Perspektive kostet sehr viel Energie! Wer ständig mit seinem Schicksal hadert, wird unzufrieden und frustriert und verbaut sich zudem alle Chancen, sein Leben selbst in die Hand zu nehmen. Erfolgreiche Menschen, die ihre Ziele erreichen, gehen nie davon aus, dass »das Leben etwas mit ihnen macht«. Vielmehr glauben sie fest daran, dass »sie etwas mit dem Leben machen« und selbst bei widrigen Umständen Gestaltungsmöglichkeiten haben.

Wenn Sie sich rundum wohler und energiegeladener fühlen möchten, sollten Sie die Opferlamm-Perspektive schnell ablegen und stattdessen eine powervolle Sichtweise einnehmen:

- Suchen Sie nach konkreten Lösungen, statt Probleme zu wälzen.
- Überlegen Sie sich, was Sie verändern möchten, und teilen Sie den Weg zu Ihren Zielen in übersichtliche Abschnitte ein.
- Vermeiden Sie Aussagen wie »Warum passiert so etwas immer ausgerechnet mir?«, »War ja klar, dass das schief gehen musste!«, »Das wäre zu schön, um wahr zu sein!«, »Ich bin eben ein geborener Pechvogel!« usw.

- Entwickeln Sie einen gesunden Optimismus. Stellen Sie sich bildhaft vor, dass Sie Ihre Ziele erreichen. Formulieren Sie kraftvolle Sätze: »Ich will, ich kann und werde ... erreichen!«, »Wo ein Wille ist, ist auch ein Weg!«, »Was andere geschafft haben, schaffe ich auch!« usw.
- Sehen Sie Fehler nicht als Katastrophen, sondern als Rückmeldungen an, die es Ihnen ermöglichen, zu lernen und positive Korrekturen vorzunehmen.

44

Das Mudra der Kraft

Mudras sind ein einfaches Mittel, um die Konzentration zu erhöhen und den Energiefluss im Körper zu lenken. Im Yoga wurden Mudras schon vor 2000 Jahren eingesetzt, um geistige Wachheit zu erzeugen, Ruhe zu entwickeln oder Beschwerden zu lindern. Einfach ausgedrückt sind Mudras »Fingerstellungen«. Indem Sie bestimmte Finger beugen, strecken oder kreuzen, werden

Energiezonen aktiviert, die reflektorisch Körper und Seele beeinflussen.

Die einfachste Möglichkeit, Yoga zu praktizieren, besteht darin, Mudras zu üben; selbst von Menschen, die sehr ungelenkig sind und deshalb keine klassischen Yogastellungen einnehmen können, lassen sich ohne weiteres Mudras ausführen.

Um Erschöpfung zu vertreiben und sich in Sekundenschnelle auf Ihre Seeleninsel zurückzuziehen, ist die folgende *Prana-Mudra* besonders gut geeignet. Die Fingerhaltung stärkt Selbstvertrauen und Willenskraft: Setzen Sie sich im Schneidersitz auf den Boden und halten Sie die Wirbelsäule gerade. Ziehen Sie das Kinn leicht zur Brust, sodass der Nacken leicht gestreckt wird. Schließen Sie die Augen und entspannen Sie Ihr Gesicht. Legen Sie die Handrücken auf die Knie – die Handflächen sollten dabei nach oben weisen.

Das Prana-Mudra nehmen Sie ein, indem Sie Zeige- und Mittelfinger gestreckt lassen, während der Daumen sowie Ring- und kleiner Finger angewinkelt werden. Bilden Sie mit Daumen, Ring- und kleinem Finger einen Kreis – die Daumenkuppe berührt dabei sanft die Kuppen von Ringfinger und kleinem Finger. Nehmen Sie die Haltung mit beiden Händen gleichzeitig ein.

Konzentrieren Sie sich mindestens 5 Minuten auf dieses Mudra. Atmen Sie dabei entspannt. Spüren Sie, wie wohltuend sich diese Haltung auswirkt und wie allmählich ein Energiestrom fühlbar wird, der von den Händen aus in den ganzen Körper strömt ...

45

Fünf Anti-Burn-out-Strategien

Sind Sie mit Ihren Kräften am Ende? Fühlen Sie sich völlig überfordert? Haben Sie das Gefühl, den Anforderungen des Lebens nicht mehr gewachsen zu sein? Fühlen Sie sich wie ausgelaugt oder leiden Sie unter Schlafstörungen? Falls einige Aussagen auf Sie zutreffen, sind Sie möglicherweise schon ein Opfer des Burn-out-Syndroms. Der Begriff »Burn-out« wurde in den 70er-Jahren geprägt und bezog sich zunächst auf berufliches Ausgebranntsein. Heute zählen wir Erschöpfungszustände auch dann zum Burn-out, wenn sie durch familiäre, partnerschaftliche oder gesellschaftliche Belastungen ausgelöst werden.

Wenn Sie Körper und Seele schützen und mehr Gelassenheit entwickeln wollen, wird es höchste Zeit, energieraubende Verhaltensweisen abzuschalten (siehe auch Kurztrip 65). Es gibt einige wirkungsvolle Strategien gegen Burn-out, die Sie jederzeit einsetzen können:

1. Delegieren Sie Verantwortung, versuchen Sie nicht, alles alleine zu machen; lernen Sie, Hilfe anzunehmen, und übernehmen Sie keine Aufgaben, die eigentlich Sache der anderen sind!
2. Hüten Sie sich vor Perfektionismus! Gehen Sie gelassener mit sich selbst um und bedenken Sie, dass Sie Fehler machen dürfen und sogar müssen, um sich weiterentwickeln zu können.
3. Legen Sie immer wieder einmal Verschnaufpausen ein. Nehmen Sie sich nach einem Arbeitstag Zeit für sich selbst. Verwöhnen Sie sich, lesen Sie ein schönes Buch, nehmen Sie ein Bad oder geben Sie Ihrer Seele auf andere Weise Raum, um zu »atmen«.

4. Lassen Sie nicht zu, dass Ihr Geist in Grübelei verfällt. Sorgen sind Unkraut des Geistes. Versuchen Sie gerade in Belastungssituationen, gelassen zu bleiben, und versuchen Sie, die Dinge mit Humor zu sehen.
5. Durchbrechen Sie die Routine. Nutzen Sie Ihre Fantasie, um Neues auszuprobieren, und trauen Sie sich, auch mal »verrückte Sachen« zu machen.

Tanzen Sie sich frei! 46

Durch Tanzen können Sie Ihren Körper schnell von Verspannungen und Blockaden befreien. Kinder bewegen sich zur Musik noch ganz automatisch; Erwachsenen fällt es jedoch meist schwer, Ihren Gefühlen durch Tanzen Ausdruck zu verleihen. Das ist schade, denn im Grunde kann jeder Mensch tanzen.

Um zu erleben, wie wohltuend sich Tanzen auswirkt, müssen Sie durchaus kein »geborener Tänzer« sein. Sie brauchen noch nicht einmal Tango- oder Rumbaschritte zu beherrschen – ganz im Gegenteil: Tanzen Sie einfach drauflos! Je ungehemmter Sie sich bewegen und je mehr Sie »aus dem Bauch heraus tanzen«, desto befreiender wird die Wirkung sein.

Wenn Sie es schaffen, sich ganz auf die Bewegungen Ihres Körpers zu konzentrieren, werden Ihre Gedanken von selbst ruhig werden. Sie können sich durch Tanzen von Grübelei, Sorgen und negativen Gedanken oder Gefühlen befreien. Auf diese Weise werfen Sie Ballast ab und laden sich mit neuen Energien auf – ja mehr noch, Sie können sogar meditative oder auch ekstatische Zustände erleben, wenn Sie sich wirklich ganz und gar auf das Tanzen einlassen.

Die »Methode« ist sehr einfach: Sorgen Sie dafür, dass Sie ungestört sind. Legen Sie eine Musik Ihrer Wahl ein – das können dynamische Rhythmen oder auch langsame, meditative Klänge sein. Übrigens eignet sich zum Tanzen nicht nur Pop-, Rock- oder Weltmusik, sondern auch klassische Musik – etwa von Bach, Vivaldi oder Mozart.

Ziehen Sie sich bequem an und beginnen Sie damit, sich zum Rhythmus der Musik zu bewegen. Lassen Sie die Klänge durch Ihren ganzen Körper strömen. Versuchen Sie, nicht zu viel zu »machen«, sondern »lassen« Sie das Tanzen entstehen. Dabei kann sich Ihr ganzer Körper bewegen – nicht nur die Beine, sondern auch Becken, Arme, Hände usw. Nehmen Sie sich Zeit, um in das Tanzen hineinzukommen, und lassen Sie sich dann immer mehr von der Musik tragen ...

Die nervenstärkende Atmung

47

Die folgende Atemübung hilft Ihnen, sich schnell mit neuer Energie aufzutanken. Sie kombiniert die Atmung mit einer Armbewegung und wird im Yoga eingesetzt, um die seelischen Abwehrkräfte zu aktivieren und die Nerven zu stärken. Führen Sie die Übung nur einmal täglich aus, denn sie ist sehr wirkungsvoll. Vermeiden Sie es außerdem, die nervenstärkende Atmung abends zu üben – denn da sie sehr aktivierend ist, könnte sie Schlafstörungen hervorrufen.

Um die nervenstärkende Atmung durchzuführen, stehen Sie aufrecht und entspannt; grätschen Sie die Beine ein wenig, damit Ihr Stand stabil ist. Die Füße zeigen etwas nach außen, die Knie sind entspannt und nicht durchgedrückt. Schließen Sie die Augen und spüren Sie die Verbindung zum tragenden Boden.

Atmen Sie nun tief aus. Mit dem nächsten Einatmen heben Sie die gestreckten Arme vor dem Körper senkrecht nach oben, bis sie waagrecht – also auf Schulterhöhe – sind. Die Hände sind gestreckt – die Stellung erinnert an die eines Schlafwandlers. Atmen Sie einige Male entspannt durch.

Schließen Sie die Hände zu Fäusten: 1. Atmen Sie nun schnell ein und ziehen Sie die Fäuste gleichzeitig zu den Schultern. 2. Atmen Sie dann durch den Mund aus und schieben Sie die Fäuste langsam nach vorne. Wiederholen Sie dies insgesamt drei- bis höchstens fünfmal.

Wichtig: Bei dieser Übung sollten Sie schnell durch die Nase einatmen und langsam durch den locker geöffneten Mund ausatmen. Während der Einatmung holen Sie die Fäuste locker, aber rasch zum Körper (dies sollte nur eine Sekunde dauern); beim Ausatmen schieben Sie die Fäuste langsam nach vorn, bis die Arme wieder gestreckt sind (dies sollte etwa 4 Sekunden lang dauern).

Stellen Sie sich beim Ausatmen vor, wie Sie mit Ihren Fäusten alle Belastungen und Probleme einfach wegschieben. Beenden Sie die Übung, indem Sie die Arme kurz ausschütteln.

48 Folgen Sie Ihrer Lust!

Die häufigsten Ursachen für Kraftlosigkeit, Erschöpfung und Burn-out sind nicht körperlicher Natur. Tatsächlich sind »physiologische« Gründe wie Kreislaufprobleme oder chronische Erkrankungen nur sehr selten schuld daran, dass wir uns überfordert und ausgepowert fühlen. Viel wichtiger als die körperliche Verfassung ist der seelische Zustand! Wenn Sie seelisch ausgeglichen sind, wird sich dies ganz von selbst auch positiv auf Ihren Körper auswirken.

Wilhelm von Humboldt sagte einmal: »Es ist unglaublich, wie viel Kraft die Seele dem Körper zu leihen vermag.« Leider kümmern sich viele von uns heute viel zu sehr um ihren Körper und vernachlässigen ihre seelischen Bedürfnisse.

Sie können innerhalb kürzester Zeit so viel Energie tanken, dass Sie sich wie neugeboren fühlen! Dazu brauchen Sie keine Vitamintabletten und kein Fitnessprogramm; das Einzige, was Sie tun »müssen«, ist, auf Ihre Lust zu hören! Viel zu oft tun wir Dinge, die wir machen müssen, obwohl wir keinerlei Lust dazu haben. Deshalb ist es wichtig, sich immer wieder einmal Zeit für Beschäftigungen zu nehmen, die wir sehr gerne tun.

Wecken Sie Ihre Lebensfreude! Nehmen Sie sich täglich Zeit, um irgendetwas zu tun, was Ihnen wirklich Spaß macht. Auf diese Weise pflegen Sie die Kraft der Begeisterung und bleiben in Kontakt zu Ihrer Seeleninsel. Es gibt viele Möglichkeiten, Ihre Freude am Leben wachzurufen. Beispielsweise können Sie:

- sich öfter in die Natur zurückziehen, um zur Ruhe zu kommen;
- interessante Bücher lesen, um sich geistig weiterzuentwickeln;
- ein Instrument lernen, um die heilsame Kraft der Musik zu nutzen;
- Ihren Lieblingssport ausüben, um körperlich fit zu bleiben;
- sich kreativen Tätigkeiten wie Malen, Töpfern oder Kochen hingeben, um Ihre Fantasie wach zu halten;
- an einem Yogakurs teilnehmen, um Gelassenheit zu entwickeln ...

Liebe im Herzen sammeln

49

Menschen, die aus dem Herzen heraus leben, verfügen über ungeheure Kräfte. Selbst wenn sie Strapazen und Entbehrungen auf sich nehmen müssen, reicht ihre Herzenskraft immer noch aus, um anderen Mut und Wärme zu schenken. Das Herz symbolisiert Liebe und Mitgefühl. Es ist das Zentrum der menschlichen Energie und Lebenskraft. Wer sein Herz öffnen kann, wird sich mit der ganzen Welt verbunden und durch und durch lebendig fühlen.

Es gibt einige spirituelle Übungen, um das Herz »erstrahlen« zu lassen und die Energie mitfühlender Liebe zu wecken. Die folgende ist besonders einfach; trotzdem kann sie Ihr Leben verändern: Setzen Sie sich entspannt auf einen Stuhl, schließen Sie die Augen und lassen Sie Ihre Gedanken zur Ruhe kommen. Konzentrieren Sie sich nun auf Ihr spirituelles Herzzentrum, das im Gegensatz zum organischen Herz in der Brustmitte liegt.

Legen Sie die Hände auf die Mitte Ihrer Brust und stellen Sie sich vor, wie Sie mit jedem Einatmen Liebe aus dem Universum aufnehmen, die mit jedem Ausatmen in die Welt zurückfließt.

Schenken Sie sich zunächst selbst Liebe und Aufmerksamkeit. Nehmen Sie sich ganz und gar an. Stellen Sie sich dann vor, wie die Liebe aus Ihrem Herzen in die Welt strömt. Wenn sich die Hände dabei öffnen wollen, so lassen Sie es zu. Stellen Sie sich vor, wie Sie die Liebe zu allen Menschen fließen lassen, die Ihnen in den Sinn kommen: Beginnen Sie mit nahe stehenden Menschen, mit Ihrer Familie, Ihrem Partner und Ihren Freunden. Lassen Sie die Liebe dann auch zu Kollegen und Bekannten fließen – auch zu solchen, mit denen Sie vielleicht die ein oder anderen Probleme haben …

Lassen Sie Ihre Gedanken dann wieder ganz ruhig werden. Um die Übung zu beenden, atmen Sie tief durch und öffnen die Augen. Versuchen Sie, den Kontakt zur Kraft der Liebe auch im Alltag beizubehalten.

Do-In-Energiemassage 50

Asiatische Massage-Methoden sind besonders empfehlenswert, wenn düstere Stimmungen Ihr Gemüt verdunkeln oder Trägheit Ihnen das Leben »schwer« macht. Die folgende kleine Selbstmassage stammt aus der traditionellen japanischen Do-In-Massage. Sie besteht aus einigen sehr einfachen, jederzeit durchführbaren Techniken, die dazu dienen, den Energiefluss anzuregen. Ganz gezielt werden dabei Körperstellen massiert, die reflektorisch mit lebenswichtigen Organen verbunden sind.

Bei der Do-In-Massage geht es nicht darum, Muskeln zu lockern, sondern darum, den Energiefluss zu aktivieren. Kann die Energie wieder frei strömen, werden Sie sich leicht und voller Schwung fühlen. Um die Do-In-Massage anzuwenden, sollten Sie Schuhe und Strümpfe ausziehen und bequeme Kleidung tragen:

1. Fußsohlen

Setzen Sie sich im Schneidersitz auf den Boden – sind die Beine gekreuzt, können Sie die rechte Fußsohle bequem mit der linken Hand und den linken Fuß mit der rechten massieren. Massieren Sie die Mitte beider Fußsohlen kräftig mit den Handballen, indem Sie 36 Kreisbewegungen ausführen. Die Füße sollten sich danach warm anfühlen.

2. Bauch

Legen Sie nun die linke Handfläche auf den Bauchnabel und führen Sie sanfte, kleine Kreisbewegungen aus. Kreisen Sie mit der Hand 36-mal schnell im Uhrzeigersinn, dann 36-mal gegen den Uhrzeigersinn.

3. Hände

Als Nächstes reiben Sie die Handflächen kräftig aneinander. Lassen Sie die Hände 36-mal gegeneinander kreisen, bis sie gut durchblutet sind.

4. Ohren

Zuletzt massieren Sie die Ohren. Legen Sie die Handflächen auf die Ohren, sodass die Mitte der Handfläche auf der Mitte des Ohres liegt. Reiben Sie mit den Handflächen kräftig auf und ab, bis die Ohren warm und gut durchblutet sind.

51 Apfelessig und kaltes Wasser

Wie viel Energie Ihnen zu Verfügung steht, ist nicht zuletzt auch eine Frage Ihrer körperlichen Verfassung. Wenn Ihr Verhalten nicht in Harmonie mit den Gesetzen der Natur ist, wenn Sie sich etwa ungünstig ernähren oder sich zu wenig bewegen, schaltet Ihr

Organismus auf ein »Notprogramm« um. Die Folge ist, dass Ihre Zellen nur ungenügend mit Sauerstoff versorgt werden, der Kreislauf nicht optimal arbeitet und Sie sich oft müde und kraftlos fühlen.

Einfache »Tricks« genügen meist, um das natürliche Gleichgewicht wiederherzustellen. Etwas mehr Bewegung, etwas mehr frische Luft – und sofort fühlen Sie sich wieder ein Stück lebendiger. Um Erschöpfung und Trägheit zu vertreiben, gibt es noch eine andere einfache Methode: eine kalte Waschung mit Apfelessig, dem traditionell angewandten Lebenselixier.

Lassen Sie 1 bis 2 Liter möglichst kaltes Wasser in eine große Schüssel laufen und geben Sie 2 Esslöffel Apfelessig hinzu. Tauchen Sie einen Waschlappen oder besser noch ein Leintuch hinein, wringen Sie es nur leicht aus und beginnen Sie mit der Waschung, die insgesamt nur 2 Minuten dauern sollte: Streichen Sie mit raschen Bewegungen vom linken Oberschenkel aus nach unten bis zum Fuß und an der Rückseite des Beins wieder hinauf bis über das Gesäß. Tauchen Sie das Tuch nochmals ein und waschen Sie auch das rechte Bein.

Tauchen Sie das Tuch erneut ein und streichen Sie dann an der Innenseite des rechten Armes von der Achsel bis zur Hand hinab; führen Sie das Tuch dann an der Oberseite des Armes wieder zur Schulter hinauf und streichen Sie damit über die rechte Brust- und Bauchseite. Tauchen Sie das Tuch noch ein letztes Mal ein und waschen Sie auch die linke Körperseite entsprechend.

Nach der Waschung sollten Sie sich sofort ankleiden, ohne sich abzutrocknen. Die Kreislauf anregenden und aktivierenden Wirkungen werden Sie dann deutlich spüren.

52

Mehr Farbe ins Leben bringen

Nutzen Sie die Macht der Farben, um dem grauen Alltag zu entfliehen! Farben sind die »Kinder des Lichts« und können Sie direkt auf Ihre Seeleninsel tragen. Die heilende Wirkung der Farben war schon bei den Alten Ägyptern bekannt. Heute kommen sie in der Farbtherapie oder Farbberatung auf unterschiedliche Weise zum Einsatz.

Farben sind ein wunderbares Gegenmittel gegen farblose, graue Tage. Lassen Sie nicht zu, dass Ihr Leben ein Schwarz-weiß-Film ist. Sie können schnell in die Welt der Farben eintauchen, indem Sie sich Öl- oder Wasserfarben besorgen und einfach malen, was Ihnen in den Sinn kommt. Aber es gibt auch andere Wege, um etwas mehr Farbe ins Leben zu bringen: Umgeben Sie sich mit Farben, indem Sie entsprechende Stoffe, Seidentücher, Kleidung usw. auswählen. Auch durch Wandanstriche, Bilder, farbige Lampen und natürlich auch durch Blumen können Sie farbige Akzente setzen.

- *Gelb* regt die Lebensfreude besonders stark an. Gelbe Farben wirken antidepressiv und können gut gegen Stimmungstiefs eingesetzt werden.
- *Grün* wirkt besonders beruhigend und ausgleichend. Wenn Sie häufig »im Stress« sind, sollte Grün die Farbe Ihrer Wahl sein. Grüne Farbtöne wirken wohltuend und entspannend, was Sie auch spüren, wenn Sie sich einmal eine Zeit lang im Grünen aufhalten.
- *Blau* erzeugt meditative Stimmungen. Um den Schlaf zu verbessern und die Stimmung sanft anzuregen, ist Blau besonders geeignet. In medizinischen Tests zeigte sich, dass Blautöne den Blutdruck senken und die Sauerstoffaufnahme verbessern.

- *Rot* wirkt stark aktivierend. Rot und Orange regen den Blutdruck an, vertiefen die Atmung und gelten nicht umsonst als »erotisierende« Farben. Mit Rottönen sollten Sie jedoch vorsichtig umgehen; nur wenn Sie sich äußerst energielos und schlapp fühlen, ist es sinnvoll, sich mit roten Farben zu umgeben.

Die »Ha-Atmung« 53

Die folgende Atemübung stammt aus dem Yoga. Sie besteht aus zwei Phasen – in der ersten Phase nehmen Sie neue Energie und Kraft auf, während die zweite Phase dazu dient, alles Belastende abzuwerfen.

Gerade wenn Sie sich energielos fühlen, wenn Ihnen die Dinge über den Kopf wachsen und Sie sich durch private oder berufliche Schwierigkeiten belastet fühlen, sollten Sie es einmal mit der »Ha-Atmung« versuchen. Diese dynamische Atemübung regt den Kreislauf an, sie wirkt blutreinigend und vertreibt in Sekundenschnelle Müdigkeit und schlechte Laune.

Einen kleinen Nachteil hat die Übung allerdings: Sie ist recht geräuschvoll, da sie mit einem lauten »Ha!«-Ruf verbunden ist. Man kann Sie daher eigentlich nur zu Hause ausüben, und selbst da kann es nicht schaden, seine Mitbewohner vorzuwarnen.

Ausgangsstellung

Stehen Sie mit weit gegrätschten Beinen, die Füße sollten etwas nach außen gestellt sein, die Arme hängen locker neben dem Körper.

1. Phase

Atmen Sie tief ein; heben Sie dabei die Arme seitlich nach oben und drehen Sie zugleich die Handflächen nach vorn. Am Ende der langsamen, tiefen Einatmung sind die Arme senkrecht über den Kopf nach oben gestreckt, die Handflächen zeigen nach vorn. Konzentrieren Sie sich bei dieser Phase darauf, mit dem Einatmen Kraft und Energie aufzunehmen.

2. Phase

Sobald die Einatmung beendet und der Körper gestreckt ist, schwingen Sie Ihre Arme und Ihren Oberkörper nach vorn zwischen die Beine – gleichzeitig rufen Sie ein lautes »Ha!«. Während Sie nun Oberkörper und Arme mit dem »Ha« nach unten fallen lassen, stellen Sie sich vor, wie Sie alles Negative und Belastende von sich werfen.

Lassen Sie die Arme zwischen den Beinen ausschwingen, richten Sie den Oberkörper dann langsam auf und wiederholen Sie die Übung noch dreimal.

Mehr Energie durch Rosmarin

54

Rosmarin kennen viele von uns nur als Küchenkraut. Die als Gewürz verwendeten Blätter verleihen vielen Fleischgerichten ein unverkennbares Aroma. In der Naturheilkunde gilt Rosmarin hingegen als eines der wirkungsvollsten Heilkräuter. Rosmarin (*Rosmarinus officinalis*) enthält ätherische Öle, die den Kreislauf anregen und den ganzen Organismus aktivieren.

Im Altertum wurden dem Rosmarinbusch magische Kräfte zugesprochen. Die Alten Römer nutzten die Heilkräfte des Mittelmeerstrauches; sie wussten, das Rosmarin fette Speisen leichter verdaulich macht und schnell neue Kräfte verleiht.

Auch Sie können die aktivierenden Wirkungen von Rosmarin nutzen, indem Sie zum Beispiel möglichst viele Speisen mit diesem aromatischen Kraut würzen. Wenn Sie jedoch ganz gezielt Erschöpfung und Trägheit vertreiben und Ihren Kreislauf aktivieren wollen, sollten Sie das ätherische Rosmarinöl verwenden. Es wird aus den Blüten des Busches destilliert und ist in Bioläden, Apotheken und Reformhäusern erhältlich.

Die Anwendung ist einfach: Träufeln Sie 5 Tropfen Rosmarinöl in das mit Wasser gefüllt Schälchen einer Duftlampe und lassen Sie den anregenden Duft in Ihren Wohn- oder Arbeitsräumen verdampfen. Sie werden erstaunt sein, wie schnell das Rosmarinaroma trübe Stimmungen vertreibt.

Auch mit einem Rosmarin-Bad können Sie schnell positive, kraftvolle Stimmungen erzeugen. Lassen Sie die Badewanne ein – die beste Wassertemperatur liegt zwischen 35 und 37 Grad C. Mischen Sie 3 Esslöffel süße Sahne mit 7 bis 10 Tropfen ätherischem Rosmarinöl und geben Sie das Ganze ins Badewasser. Baden Sie höchstens 15 Minuten und brausen Sie sich danach kurz mit kaltem Wasser ab. Abends sollten Sie auf Rosmarinbäder verzichten, da die aktivierende Wirkung Ihren Schlaf beeinträchtigen könnte.

55 Der Tao-Weg zu mehr Energie

Vielleicht haben Sie schon von den »Taoisten« gehört. Die Taoisten waren die Weisheitssucher im Alten China. Sie folgten den Gesetzen des Universums und lebten in Harmonie mit der Natur. Die Taoisten beherrschten die Kunst, sich dem Fluss des Lebens anzuvertrauen; sie entdeckten viele Geheimnisse, darunter das Geheimnis des Energie-Sammelns, das es ihnen ermöglichte, nicht nur ungewöhnlich lange, sondern auch ungewöhnlich gesund und gelassen zu leben.

Taoistische Aussagen gleichen oft Wegbeschreibungen zur Seeleninsel; sie zeigen uns, wie wir in Harmonie leben können, ohne uns von den täglichen Anforderungen »auffressen« zu lassen. Wollen Sie wissen, was Ihnen die Taoisten empfehlen würden, um mit 99-mal mehr Energie zu leben? Ungefähr Folgendes:

- Lassen Sie alles los, was Sie nicht brauchen und was Ihr Leben nur belastet.
- Verausgaben Sie sich nicht; halten Sie Ihren Körper und Ihren Geist ruhig.

- Lassen Sie nicht zu, dass Ihre Gedanken Sie unglücklich machen. Widmen Sie sich ganz dem Hier und Jetzt und lassen Sie Ihren Geist weder in die Zukunft noch in die Vergangenheit abschweifen.
- Machen Sie sich die Qualitäten von »Himmel und Erde« zu Eigen. »Der Himmel ist offen, klar und weit; die Erde ist friedlich, geduldig und voller Energie«, heißt es bei Meister Zhiang.
- Kultivieren Sie Heiterkeit und Gelassenheit, denn sie sind die besten Waffen gegen alle Widrigkeiten – ob im Privaten oder im Beruf.
- »Bewahrst du Stille, so bewahrst du Reinheit. Bewahrst du Reinheit, so ermüdest du deinen Körper nicht, zerstreust deine Energie nicht; auf diese Weise wird dein Leben lange währen«, schreibt Chuang-tse.
- Bei Meister Yün Chi heißt es: »Wenn du deine Energie frei umherströmen lässt, statt sie zu bewahren, so gleicht dies einer gesprungenen Tasse: Das Wasser strömt schneller aus, als man es nachgießen kann.«

56 Energieanker setzen

Durch »Ankern« können Sie Ihr Unterbewusstsein auf Power und Energie programmieren. »Ankern« ist eine Technik des NLP (Neurolinguistisches Programmieren), einer Methode, die ebenso von Therapeuten als auch von Führungskräften angewendet wird (siehe auch Kurztrip 28).

Sie können Zustände der Ruhe, des Vertrauens oder der Lebensfreude »ankern«. Dazu koppeln Sie bestimmte Gefühle mit bestimmten Körperhaltungen. Um Power und Energie zu ankern, können Sie beispielsweise die Arme nach oben reißen und Fäuste bilden; Sportler tun dies oft, wenn Sie einen Wettkampf gewinnen.

Um einen effektiven Power-Anker zu setzen, sollten Sie sich zunächst entspannen, die Augen schließen und innerlich zur Ruhe kommen. Stellen Sie sich dann einen Moment in Ihrem Leben vor, in dem Sie voller Energie waren, egal, ob er schon lange zurückliegt oder erst vor kurzem stattfand. Fällt Ihnen eine Situation ein, in der Sie vor Unternehmungslust strotzten? Vielleicht erinnern Sie sich daran, wie Sie einmal einen Berg bestiegen, auf dem Meer segelten oder mit Ihrem Partner die ganze Nacht Walzer tanzten ....

Wichtig ist, dass Sie sich einen Moment ins Gedächtnis rufen, der für Sie sehr positiv, kraftvoll und energiegeladen war. Versuchen Sie, diesen Moment innerlich ganz detailliert zu sehen. Malen Sie sich in schönsten Farben aus, was Sie damals sahen, was Sie hörten oder sagten und wie sich das anfühlte.

Sobald Sie das damalige Gefühl der Kraft und Energie wieder intensiv spüren, setzen Sie einen Anker: Machen Sie dazu eine bestimmte Geste, die Ihnen passend erscheint – oder Sie strecken, wie gesagt, die Arme in die

Luft und bilden Fäuste. Wiederholen Sie die Technik dann einige Male: Rufen Sie sich die Erinnerung wieder wach und reißen Sie die Arme nach oben. Wenn Sie diese Übung mehrmals konzentriert ausführen, können Sie den Anker jederzeit abrufen, indem Sie nur noch die Arme heben und Fäuste bilden. Sofort werden alle kraftvollen Gefühle von damals innerlich abgerufen, wodurch Ihnen augenblicklich neue Energien zur Verfügung stehen.

Schlafen Sie gut! 57

Ein gesunder, tiefer Schlaf ist die natürlichste Art, um sich gründlich zu erholen. Im Schlaf tanken wir neue Energien; alle Zellen und Organe regenerieren sich. Solange wir schlafen, »vergessen wir die Welt«, während unser Unterbewusstsein die Tagesereignisse verarbeitet; jede »gute Nacht« ist eine kleine Reise zu unserer Seeleninsel. Kein Wunder, dass Menschen, die einen gesegneten Schlaf haben, ausgeglichener und gesünder sind als ihre schlaflosen Mitmenschen.

Chronische Schlafstörungen können unter anderem Konzentrationsprobleme, Gereiztheit und Stimmungstiefs hervorrufen. Wenn Sie schlecht schlafen, sollten Sie einige kleine, aber effektive Regeln beachten:

- Vermeiden Sie am späten Abend unbedingt fettreiche, belastende Speisen, Kaffee, Nikotin und größere Mengen Alkohol.
- Verbannen Sie Fernseher, Computer und andere geistige Reizmittel aus Ihrem Abendprogramm. Bilder-

und Informationsfluten sind für das Bewusstsein vor allem abends schwer verdaulich.

- Lassen Sie den Abend ruhig ausklingen. Machen Sie einen kleinen Spaziergang, lesen Sie noch ein paar Seiten oder genießen Sie ein schönes Bad.
- Sorgen Sie für eine angenehme Schlafatmosphäre: Lüften Sie das Schlafzimmer, kaufen Sie sich eine gute Matratze und schöne Bettwäsche. Verbannen Sie alles, was »Chaos« vermittelt.
- Gehen Sie möglichst vor Mitternacht ins Bett. Schließen Sie den Tag bewusst ab, indem Sie eine Tagebuchnotiz machen oder die Ereignisse des Tages nochmals kurz vor Ihrem inneren Auge vorbeiziehen lassen.
- Baldriantee, warme Milch mit Honig oder ein Lavendelsäckchen neben dem Kopfkissen – probieren Sie aus, welches »Schlafmittel aus der Naturapotheke« bei Ihnen am besten wirkt.

58 Verbinden Sie sich mit der Natur

Im Gegensatz zu Naturvölkern, die auch heute noch weitgehend in und mit der Natur leben, hält sich der »moderne Mensch« fast ausschließlich in Gebäuden auf. Und selbst wenn er einmal an die frische Luft geht, so tut er dies meist in Großstädten, wo die Luft alles andere als frisch ist. Kein Wunder, dass chronische Erschöpfungszustände gerade in hoch zivilisierten Ländern so häufig auftreten. Je weiter wir uns von unserem natürlichen Ursprung entfernen, desto eher wird unser körperliches und seelisches Wohlbefinden beeinträchtigt. Eine Möglichkeit, unsere Harmonie wiederherzustellen, besteht darin, dass wir uns wieder mehr mit der Natur verbinden.

Sensitive Menschen können seit jeher Orte aufspüren, die eine besondere Kraft ausstrahlen. So zogen sich beispielsweise die Indianer an besonders energiegeladene Plätze zurück, wenn sie sich auf Visionssuche begaben. Und in unserer Kultur hieß es früher, dass die magische Anziehungskraft, die von manchen Orten ausging, auf die Energie von Naturgeistern wie Elfen und Feen zurückzuführen sei. Um Orte der Kraft aufzusuchen, müssen Sie aber nicht gleich mit Feen und Elfen in Kontakt treten. Jeder Mensch hat ein Gespür dafür, welche Orte sich gut eignen, um Kraft zu tanken.

Starke Energiefelder bilden sich meist an außergewöhnlichen Plätzen, die Sie leicht erkennen können: Auffällige, allein stehende Bäume, bizarre Klippen, alte Wälder, einsame Seeufer, geheimnisvolle Höhlen oder einladende Grashügel – finden Sie selbst heraus, welche Plätze Sie in besonderer Weise anziehen.

Je öfter Sie Kontakt mit der Energie der Natur aufnehmen und sich im Freien erholen, desto intensiver wird Ihr Gespür für die Wirkung von Kraftorten werden. Wichtig ist, dass Sie die Natur mit allen Sinnen wahrnehmen – dass Sie ganz bewusst schauen und lauschen. Vor allem aber sollten Sie in sich hineinspüren und darauf achten, was der Aufenthalt in der Natur in Ihnen verändert ...

59 Schweigen ist Gold

Schweigeübungen sind ein fester Bestandteil aller spirituellen Schulungswege. Ob bei Zen-Buddhisten, in Franziskaner-Klöstern oder auf Sufi-Camps – überall werden in regelmäßigen Abständen Schweigeexerzitien durchgeführt.

»Reden ist Silber – Schweigen ist Gold.« Durch Schweigen können Sie enorme Kräfte sammeln. Menschen, die viel sprechen müssen, wie etwa Lehrer, Politiker oder Dozenten, wissen, wie kraftraubend längeres Reden sein kann. Doch selbst alltägliche Gespräche kosten Kraft. Vor allem bei Klatsch und Tratsch geht viel Energie verloren, da hier häufig negative Gedanken gepflegt und die Worte nur selten bewusst gewählt werden.

Eine der einfachsten Methoden, Kraft zu sammeln und sich zu zentrieren, besteht darin, *weniger zu sprechen*. Auch die Taoisten erkannten die verwandelnden, befreienden Wirkungen des Schweigens; sie warnten vor Geschwätzigkeit und empfahlen, sich beim Sprechen auf das Wesentliche zu beschränken. Nichts anderes meinte Laotse, als er sagte: »Viele Worte, viel Verlust.«

Wenn Sie Ihre geistigen Batterien neu aufladen möchten, gibt es kaum ein einfacheres Mittel, als eine kurze Schweigeperiode einzulegen. Während der Arbeitszeit wird Ihnen das wahrscheinlich nicht möglich sein, da Sie wohl mit anderen kommunizieren müssen, doch an einem Wochenende oder einem freien Nachmittag können Sie ohne weiteres ein paar Schweigestunden durchführen.

Aber auch bei alltäglichen Gesprächen und Telefonaten können Sie versuchen, nur das Wesentliche zu sagen, und unnötige Nebensächlichkeiten unerwähnt lassen. Buddha empfahl, nur zum rechten Zeitpunkt zu sprechen, sanfte Worte zu gebrauchen und niemanden durch seine Rede zu verletzen, was ebenfalls eine schöne Möglichkeit ist, seinen Geist zu kultivieren, mehr innere Ruhe zu entwickeln und dadurch wiederum Energie zu sammeln.

Eine kleine Prana-Kur

60

In der fernöstlichen Meditationskunst spielt die Pflege der Lebensenergie eine wichtige Rolle. Im Yoga wird die universelle Lebensenergie als »Prana« bezeichnet. Wir nehmen Prana unter anderem über die Nahrung und Atmung auf. Darüber hinaus können wir Prana jedoch auch ganz gezielt sammeln und unser Energiepotenzial dadurch vervielfachen!

Wenn Sie auch nur einen Tag (oder besser eine Woche) investieren, können Sie Ihre »Energie- und Wohlfühl-Bilanz« äußerst günstig beeinflussen. Aus dem Yoga wissen wir, wie man Prana sammelt bzw. eine Verschwendung dieser wertvollen Lebensenergie meidet. Wenn Sie eine kleine »Prana-Kur« durchführen, werden Sie sich schnell um viele Jahre jünger fühlen. Dies ist ganz einfach:

1. Hüten Sie sich wenigstens für eine kurze, zuvor festgelegte Zeit vor:

- Alkohol, Nikotin, Drogen und Ersatzbefriedigungen durch Konsum;
- fettreichen, vitaminarmen Speisen sowie übermäßigem Essen;
- Leistungsdenken, Leistungssport, übertriebenem Ehrgeiz und Arbeitssucht;
- Zerstreuung durch Massenmedien und Hektik im Alltag;
- Sorgen und negativen Gefühlen wie Neid, Eifersucht oder Hass.

2. Achten Sie darauf, eine Zeit lang bewusst Prana zu speichern, indem Sie:

- sich mäßig, aber regelmäßig bewegen;
- regelmäßig meditieren und entspannen;
- kreativ tätig werden und ihre zwischenmenschlichen Beziehungen heilen;
- ausreichend schlafen;
- sich von frischem Obst, Gemüse, Getreide und Milchprodukten ernähren;
- Ihre Konzentration trainieren und das Wesentliche im Auge behalten;
- Ihr Leben bewusst genießen.

»Was raubt mir meine Energien?« – Ein abendlicher Test

61

Ob Sie voller Vitalität durchs Leben schreiten oder ständig erschöpft sind, ist kein Zufall! Alles, was Sie tun, jede noch so kleine Entscheidung, die Sie treffen, bestimmt darüber, ob Sie Kräfte sammeln oder sich verausgaben. Wenn Sie sich auch in 20 Jahren noch jung, gesund und energiegeladen fühlen möchten, sollte Ihre Lebensweise entsprechend angelegt sein.

Natürlich trifft jeder Mensch mal falsche Entscheidungen und macht Fehler. Energieraubend wird die Sache erst, wenn Sie die Kontrolle verlieren. Durch Selbstbeobachtung können Sie jedoch herausfinden, in welchen Bereichen Sie ungünstig handeln oder reagieren. Wenn Sie wissen wollen, *wo und wobei* Sie Ihre Energien verlieren, kann Ihnen ein kleiner Test helfen:

Schauen Sie vor dem Schlafengehen auf den Tag zurück. Analysieren Sie, was Ihnen heute am meisten Kräfte geraubt hat. Sobald Sie dies herausgefunden haben, können Sie darangehen, notwendige Veränderungen vorzunehmen, damit Sie sich in Zukunft wohler und zufriedener fühlen. Ihre Schwachpunkte liegen etwa dort, wo Sie bei den folgenden Fragen mit »Ja« antworten:

- Haben Ärger, Streit und Feindseligkeiten Ihren Geist belastet?
- Sind körperliche Ursachen wie Bewegungsmangel, Verspannungen oder Schmerzen schuld daran, dass Sie sich kraftlos fühlen?

- Haben Sie zu wenig geschlafen und die Nacht vor dem Fernseher oder mit Arbeiten verbracht, sodass Sie unausgeschlafen und ausgepowert sind?
- Haben Ihnen Alkohol, Drogen oder zu fette, denaturierte Nahrungsmittel die Energien geraubt?
- Wurde Ihr Gemüt durch Ängste, Sorgen und negative Gedanken belastet?
- Haben Überforderung, Stress und Hektik in der Arbeit Sie ausgelaugt?
- Waren Monotonie und Routine Faktoren, die Ihnen die Kraft raubten?

Worte der Kraft 62

Sie können die Technik des Positiven Denkens nicht nur nutzen, um sich zu entspannen, sondern auch, um Ihre Lebensenergie zu steigern. Worte beeinflussen Sie stärker, als Sie glauben. Die Worte, die Sie benutzen, wirken sich über das Unterbewusstsein auf Ihre Stimmungen und Ihre Verfassung aus.

Wenn Sie sich wünschen, mehr Energien für Ihre Aufgaben zur Verfügung zu haben, oder sich einfach nur besser fühlen möchten, sollten Sie überprüfen, welche Worte Sie im Alltag benützen. Beobachten Sie, welche Worte Sie einsetzen, wenn Sie mit Ihrem Partner, Ihren Freunden oder Ihren Kollegen kommunizieren. Achten Sie aber auch darauf, wie Sie mit sich selbst sprechen. Den ganzen Tag über führen wir innerlich Selbstgespräche, wenngleich wir dies oft nicht bemerken. Doch jedes Wort, das wir denken, wirkt suggestiv, hat also einen Einfluss auf unsere Seele und beeinflusst damit unser Lebensgefühl.

Wenn Sie kraftvolle Worte verwenden, werden Sie sich kraftvoll fühlen. Vermeiden Sie es daher, anderen oder sich selbst zu erzählen, dass Sie sich *»völlig ausgepowert«* und *»total gestresst«* fühlen oder dass Sie das *»nie schaffen werden«*. Streichen Sie Ausdrücke wie *»Mir wächst alles über den Kopf«*, *»Ich habe überhaupt keine Lust«* oder *»Das geht mir auf die Nerven«* aus Ihrem Wortschatz!

Benutzen Sie zunehmend Worte der Kraft, wenn Sie zum Beispiel mit anderen telefonieren oder innerlich mit sich selbst sprechen. Entscheiden Sie sich für Sätze wie *»Ich habe Lust, mich dieser Aufgabe zu stellen und dabei Erfahrungen zu sammeln«*. Ersetzen Sie *»ich muss«* durch *»ich will«*. Sagen Sie sich: *»Ich bin voller Energie«*, *»Alles fällt mir leicht«*, *»Das schaffe ich locker«* usw.

Die Worte, die Sie benutzen, verraten Ihnen viel über das Bild, das Sie sich vom Leben machen. Doch dieses Bild haben Sie selbst gewählt; Sie können es jederzeit ändern – beispielsweise indem Sie kraftvollere Worte einsetzen ...

63 Atemspiele

Über die Atmung nehmen wir rund um die Uhr Sauerstoff und Energie auf. Der Atem ist unsere wichtigste natürliche Kraftquelle – schließlich beginnt unser Leben mit dem ersten und endet mit dem letzten Atemzug. Solange wir atmen, leben wir. In allen alten Kulturen wurde der Atem daher mit der Seele, dem Geist oder dem Lebenshauch verbunden.

Viele asiatische Übungswege und die westliche Atemtherapie nutzen die Heilkraft des Atems. Die folgenden kleinen Atemspiele helfen Ihnen, Kontakt zu Ihrem Atem aufzunehmen, ihn zu wecken, zu beleben und über den Atem körperliche und psychische Spannungen abzugeben. Sie können die Atemübungen zwischendurch ausführen und werden die wohltuenden Wirkungen sofort spüren. Wählen Sie intuitiv aus, welche Techniken Ihnen am meisten zusagen:

Seufzen

Durch Seufzen und Stöhnen können Sie Spannungen rasch abbauen. Atmen Sie tief ein und stoßen Sie dann auf »A« oder »O« mehrmals einige tiefe, entspannende Seufzer aus.

Atemräume spüren

Der Atem kann in viele Körperbereiche fließen. Er tut das ganz von selbst, wenn Sie die Handflächen auf bestimmte Stellen legen. Legen Sie sie zum Beispiel einmal auf den Bauch, auf die Rippen, auf die Brust oder die Schultern. Spüren Sie, wie der Atem allmählich in diese Bereiche strömt.

»Sch«, »Ssss«, »Ffff«

Sie können sich schnell entspannen, wenn Sie die Ausatmung verlängern. Atmen Sie erst tief ein und bremsen Sie dann das Ausatmen, indem Sie langsam und sanft auf »Sch«, »Ssss« oder »Ffff« ausatmen.

Gähnen, lachen und weinen

sind natürliche Formen der Tiefatmung. Beobachten Sie, wie befreiend lachen, weinen und gähnen ist. Nutzen oder unterdrücken Sie diese natürlichen Möglichkeiten, um Spannungen abzubauen?

»Huuu«

Ahmen Sie Windgeräusche nach, indem Sie die Luft beispielsweise auf »Huuu« oder »Schuuu« stimmlos aushauchen.

64

Sich der Kraft des Himmels öffnen

So wie Sie die Kräfte der Erde nutzen können, um sich »aufzuladen« (siehe auch Kurztrip 37), ist es auch möglich, sich die Energie des Himmels zu Nutze zu machen. Die Erde symbolisiert »Stabilität« und »Lebenskraft«, der Himmel repräsentiert »Freiheit«, »Weite«, »Offenheit« und »Unendlichkeit«.

Mystiker aus Ost und West beschreiben die Erde als Heimat des Körpers, den Himmel hingegen als Heimat der Seele. Der aufwärts gerichtete Blick des Sufis soll den Kontakt zum Himmel ebenso versinnbildlichen wie die nach oben weisenden Finger des betenden Christen. Sie müssen jedoch weder Christ noch Sufi sein, um die folgende Übung durchzuführen. Zwar ist die Technik durchaus spirituell, weckt jedoch unabhängig von Kultur und Religion kraftvolle, positive Stimmungen in jedem Menschen. Führen Sie die Übung möglichst an einem ruhigen Ort unter freiem Himmel aus. Ansonsten können Sie auch zu Hause vor dem Fenster üben.

Stehen Sie mit weit gegrätschten Beinen. Die Füße sollten den Boden mit der ganzen Sohle berühren. Strecken Sie die Arme nach oben, öffnen Sie sie weit und drehen Sie die Handflächen nach oben, so als wollten Sie eine große Wolke umarmen.

Dehnen Sie den Brustkorb weit, indem Sie die Arme ein wenig nach hinten dehnen und den Kopf leicht in den Nacken legen. Der Blick ist nach oben gerichtet und Sie atmen tief in die Brust. Bleiben Sie etwa eine Minute in dieser geöffneten Stellung und stellen Sie sich vor, wie Sie mit den Handflächen Energien aus dem Himmel aufnehmen. Spüren Sie, wie Sie dabei immer weiter und offener werden – im Körper, in der Seele und im Geist. Versuchen Sie, die Weite, die Freiheit und die Leichtigkeit des Himmels in Ihre Gefühle und Ihren Geist einströmen zu lassen.

Beenden Sie die Übung, indem Sie die Arme langsam sinken lassen und die Beine wieder schließen.

Nobody is perfect! 65

Der Zwang, alles hundertprozentig perfekt machen zu wollen, kostet eine Menge Kraft. Als BürgerInnen einer Leistungsgesellschaft sind wir von Kindheit an darauf trainiert, Leistung zu bringen. »Nur wer etwas leistet, ist etwas wert«, lautet das ungeschriebene Gesetz. Kein Wunder, dass viele ein unangenehmes Gefühl beschleicht, wenn die Dinge mal nicht so laufen, wie sie sollten.

Dennoch: Irren ist menschlich. Fehler machen auch! Es ist also nicht nur ganz normal, wenn uns das ein oder andere misslingt, es ist auch gesund, denn es zeigt uns, dass wir keine Roboter, sondern menschliche Wesen sind!

In Untersuchungen konnte nachgewiesen werden, dass vor allem Perfektionisten unter Burn-out leiden. Wer zu hohe Erwartungen an sich stellt, sich jede Menge Arbeit aufbürdet und sich dann nicht einmal Fehler verzeiht, wird schnell ausgepowert sein. Allzu hohe Erwartungen führen zwangsweise zu Unzufriedenheit, Enttäuschungen, Energielosigkeit und mangelnder Lebensfreude.

In China sagt man: »Wer sein Herz dem Ehrgeiz öffnet, verschließt es der Ruhe.« Hüten Sie sich also davor, zu viel von sich zu erwarten. Versuchen Sie, sich immer wieder einmal zu entspannen. Nehmen Sie es mit Humor, wenn das ein oder andere, was sie sich vorgenommen haben, ordentlich in den Graben geht. Wenn Sie in einer Woche auf die heutigen Missgeschicke zurückblicken, werden Sie ohnehin darüber lachen – also lachen Sie doch lieber gleich darüber!

Es erfordert etwas Training, alteingefahrene Muster zu durchbrechen (siehe auch Kurztrip 45). Werden Sie hellhörig, wenn Sie mal wieder zu sich sagen: »Ich muss es schaffen!«, »Es darf nichts schief gehen!« – oder wenn Sie glauben, Sie müssten wieder einmal alles alleine machen ... Lernen Sie, Verantwortung abzugeben, den Dingen ihren Lauf zu lassen und keinen Widerstand gegen die Aufs und Abs des Lebens zu erzeugen.

Visualisierung – Ein Spaziergang am Meer

66

Visualisierungen nutzen die Fähigkeit des Bewusstseins, innere Bilder zu schaffen. Nicht umsonst werden diese Techniken auch als »Fantasiereisen« bezeichnet. Unser Alltag macht uns oft schwer, ausreichend Fantasie zu entfalten; doch durch bewusst gelenkte Tagträume lässt sich unser Vorstellungsvermögen beflügeln. Mit etwas Übung kann jeder Mensch lebhafte innere Bilder erzeugen und dadurch schnell entspannende oder aktivierende Stimmungen schaffen.

Legen Sie sich bequem auf ein Sofa oder auf eine am Boden ausgebreitete Decke. Sorgen Sie dafür, dass Ihnen warm ist und Sie nicht gestört werden. Schließen Sie die Augen und entspannen Sie sich. Stellen Sie sich vor:

Sie machen Urlaub am Meer – vielleicht an der Nordsee oder auch am Mittelmeer ... Es ist ein sonniger, warmer Tag und Sie machen einen Spaziergang am Strand. Es geht schon auf den Abend zu und Sie sehen, wie die untergehende Sonne den Himmel und die kleinen Wolken, die am Horizont entlangziehen, in warme, rote Farben taucht ...

Sie gehen barfuß durch den warmen Sand. Immer wieder werden kleine Wellen angespült. Das Wasser berührt Ihre Füße. Es fühlt sich frisch an. Die ganze Luft ist vom salzigen Meeresduft erfüllt und Sie atmen sie tief ein.

Sie gehen ganz entspannt am Strand entlang. Die Bewegung tut Ihrem ganzen Körper gut. Ihre Muskeln fühlen sich warm und geschmeidig an, und mit jedem Schritt nehmen Sie die Energie der Sonne, der Luft und des Meeres auf ...

Ein sanfter Wind streichelt die Nase. Sie hören das Rauschen der Wellen, Sie sind ganz wach und gleichzeitig vollkommen entspannt. Genießen Sie diesen Moment und spüren Sie, wie Körper und Seele neue Kräfte tanken.

Beenden Sie die Übung, indem Sie langsam ins Hier und Jetzt zurückkommen. Spüren Sie Ihren Körper noch einmal bewusst, atmen Sie einige Male tief durch und öffnen Sie dann die Augen.

Das Wesentliche entdecken

Für jeden Menschen kommt einmal
der Augenblick, wo er sein Leben ändern muss,
sich aufs Wesentliche konzentrieren.

GRIGORI BAKLANOW

Die dritte Hauptroute, über die Sie Ihre Seeleninsel erreichen können, ist die *Route der Klarheit.* Dieser Weg ermöglicht es Ihnen, zum Wesentlichen zurückzukehren und einen klareren Blick zu entwickeln. Während die Route der Ruhe einer Reise auf dem Ozeandampfer und die Route der Kraft einem sportlichen Segeltörn entspricht, hebt der dritte Weg zur Seeleninsel – die *Route der Klarheit* – Sie hoch in die Lüfte. Beim »Weg der Klarheit« geht es darum, dass Sie sich

auf das Wesentliche konzentrieren und alles abwerfen, was Sie unfrei und unglücklich macht!

Stellen Sie sich vor, Sie sitzen in einem Flugzeug. Ganz egal, ob Sie nun lieber in einem Passagierflugzeug fliegen oder mit einem Segelflugzeug lautlos durch die Lüfte gleiten – auf jeden Fall schweben Sie hoch im Himmel. Die Luft ist klar. Wenn Sie aus dem Fenster blicken, sehen Sie einige kleine Schäfchenwolken; weit unten können Sie das Meer und mitten im Meer eine große Insel ausmachen. Auf der Insel wachsen viele Pflanzen – ein freundliches Grün von verschiedenen Bäumen und saftigen Wiesen hebt sich wie ein grüner Farbklecks gegen das dunkelblaue Wasser ab.

Während Sie die Freiheit genießen, von allen Sorgen und Pflichten enthoben zu sein, wird Ihnen Ihr Ziel immer bewusster. Sie sehen nicht nur deutlich, woher Sie kommen, sondern Ihnen ist auf einmal sonnenklar, wohin Ihre Reise Sie führt. Und Sie erfahren, wie schön es sich anfühlt, die Dinge mit einem klaren, reinen Geist zu sehen ...

Sie haben bisher 33 Ausflüge kennen gelernt, die Ihnen mehr Ruhe und Entspannung ermöglichen, und 33 Ausflüge, die Ihnen mehr Energie schenken. Der letzte Teil dieses Reiseführers zeigt Ihnen, wie Sie innerlich still werden und geistige Klarheit entwickeln können.

In der täglichen Hektik verlieren wir leicht die Orientierung. Wir haben es im Beruf und in der Familie oft mit so vielen Anforderungen zu tun, dass wir es völlig verlernt haben, »innezuhalten«. Viele Menschen registrieren zwar, dass irgendetwas nicht stimmt und dass sie mit ihrem jetzigen Leben unzufrieden sind. Doch die wenigsten nehmen sich die Zeit, herauszufinden, was es denn eigentlich genau ist, das da »nicht stimmt«.

Die letzten 33 Kurztrips gleichen einer Reise im Flugzeug. Sie führen auf dem kürzesten, schnellsten Weg zum Ziel. Wenn wir auf einer Flugreise hoch über den Wolken fliegen, verlieren die täglichen kleinen Schwierigkeiten meist ihr Gewicht. Und ebenso werden die vielen Probleme, mit denen wir alle uns tagein und tagaus herumschlagen, auf einmal bedeutungslos, wenn wir uns einmal in die »stillen Regionen unseres Geistes« zurückziehen.

Die folgenden 33 Ausflüge helfen Ihnen, sich wieder mehr auf das zu konzentrieren, was wirklich wichtig ist! Sie zeigen Ihnen, wie leicht es ist, Ballast abzuwerfen, und wie man sich von jenen Dingen befreit, die über kurz oder lang nur unglücklich und unzufrieden machen.

Durch kleine Übungen, die die Achtsamkeit schulen, in die Meditation führen, Ordnung in die Gedanken bringen und Ihnen Ihre wahren Werte und Ziele bewusster machen, lernen Sie, einen scharfen Blick für das Wesentliche zu entwickeln. Innezuhalten, still zu werden und geistige Klarheit zu kultivieren – all das ist wichtig, um:

- sich von einengenden und schädigenden Verhaltensweisen zu befreien;
- liebevoller mit sich und anderen Menschen umzugehen;

- auch dann gelassen und heiter zu bleiben, wenn um einen herum alles schief zu gehen scheint;
- endlich mehr Zeit in die Dinge zu investieren, die Ihnen wirklich Spaß machen;
- zeitraubende Zerstreuungen aufzugeben und Ihre Ziele effektiv zu verwirklichen;
- Körper, Seele und Geist vor den zerstörerischen Einflüssen unserer Leistungs- und Konsumgesellschaft zu schützen;
- den tieferen Sinn Ihres Lebens zu erkennen und im wahrsten Sinne des Wortes »wunschlos glücklich« zu sein.

Äußeren Ballast abwerfen 67

Wenn Sie Ihr Leben einfacher und übersichtlicher machen wollen, sollten Sie sich von allem trennen, was Sie nicht brauchen! Im Laufe der Jahre sammeln wir eine Unmenge an Kleidern, Möbeln, CDs, Büchern usw. an. Doch je mehr wir haben, desto mehr müssen wir uns auch um all die Sachen kümmern, müssen sie pflegen, warten, versichern oder zumindest regelmäßig abstauben.

Wenn Sie äußeren Ballast abladen, wird es Ihnen leichter fallen, sich auch innerlich auf das Wesentliche zu beschränken. Es ist sehr befreiend, sich von überflüssigen Dingen zu trennen. Wann werden Sie den Pulli, den Sie schon zwei Winter nicht mehr getragen haben, wieder anziehen? Nie! Wann die Marmelade essen, die schon Monate über dem Verfallsdatum ist? Hoffentlich gar nicht! Und die Romane, die seit Jahren im Schrank stehen – glauben Sie wirklich, dass Sie sie irgendwann wieder lesen werden? Fassen Sie sich also ein Herz. Vieles lässt sich ja so recyceln, dass Sie anderen eine Freude machen.

- Misten Sie Ihren Kleiderschrank aus! Alles, was Sie schon über ein Jahr nicht mehr angezogen haben, können Sie getrost verkaufen oder der Altkleidersammlung spenden.
- Speicher- und Kellerräume dienen dazu, Dinge, die noch gebraucht werden, wie etwa Schlittschuhe oder Sonnenschirme, zu verstauen. Alles, was Sie eigentlich wegwerfen wollen, gehört nicht dorthin. Sperrmüll gehört in die Sperrmüllsammlung – nicht in die eigenen vier Wände.
- Wenn Sie Ihre Küchenvorräte und -schränke unter die Lupe nehmen, werden Sie staunen – über das Verfallsdatum mancher Konserven oder über Küchenge-

räte, die Sie nie benutzen und schon längst vergessen hatten ...

- Ein Flohmarkttag kann Wunder wirken. Befreien Sie sich von alten Büchern, Möbeln, die nur im Weg stehen, Elektrogeräten, überflüssigem Geschirr usw.
- Entrümpeln Sie außerdem: Ihr Handschuhfach, Ihr Badezimmerschränkchen, Ihr Bücherregal, Ihre CD-Sammlung, Ihre Garage ...

68

Tun Sie, was Sie wirklich lieben!

Wie viel Zeit verbringen Sie mit Tätigkeiten, die Sie tun »müssen«, und wie viel Zeit nehmen Sie sich für das, was Sie wirklich tun *wollen*? Wenn die Bilanz bei 50:50 liegt, gratulieren wir Ihnen. Tatsächlich verbringen die meisten Menschen ihre wertvolle Lebenszeit nämlich zum größten Teil damit, lästige Pflichten zu erledigen und Dinge zu tun, die ihnen gar nicht liegen. Kein Wunder, dass so oft der Eindruck entsteht, dass das Leben alles andere als ein Zuckerlecken ist.

Tatsächlich sollte unser Leben aber keine Last, sondern eine große Freude sein! Wir sollten jeden Tag das Gefühl haben, dass uns unser Dasein Spaß macht und wir immer wieder interessante Dinge und Menschen kennen lernen. Nicht Frust, sondern Faszination sollte unser Lebensgefühl prägen.

Ein wichtiger Schritt, dieses Ziel zu erreichen und zu uns selbst zu finden, besteht darin, herauszubekommen, was wir wirklich gerne machen möchten. »Do what you really love, money will follow« lautet der Titel eines US-Bestsellers. Und es stimmt: Wenn Sie Menschen, die außergewöhnlich erfolgreich sind, nach ihrer »Strategie« befragen, antworten diese meist, dass sie eigentlich nur das tun, was sie schon immer am meisten fasziniert hat.

Wenn Ihnen Ihr Beruf keinen Spaß macht, sollten Sie ernsthaft über Alternativen nachdenken. Auch wenn es viel Mut erfordert – Sie können sich nicht vorstellen, wie erfüllt, zufrieden und befreit sich Menschen fühlen, wenn sie endlich eine Möglichkeit gefunden haben, ihren wirklichen Interessen nachzugehen. Und nur das, was aus ganzem Herzen und in Übereinstimmung mit den Begabungen und Interessen getan wird, kann dauerhaft Erfolg haben. Doch Sie müssen nicht gleich Ihren Job an den Nagel hängen. Schon kleine Veränderungen bewirken viel: zum Beispiel sich täglich eine feste Zeit zu reservieren, um kreativ zu sein, zu meditieren, zu lesen oder dem Ruf des Herzens auf irgendeine andere Art zu folgen.

69 *Die Haltung der Klarheit*

Wie innen, so außen – wie außen, so innen: Unsere innere Verfassung spiegelt sich in der äußeren Haltung wider und diese Haltung wiederum wirkt auf das Innere ein. Das heißt und hat den Vorteil, dass Sie Ihren Gemütszustand jederzeit verändern können, indem Sie eine Körperhaltung einnehmen, die Kraft und Harmonie ausdrückt.

Sitzhaltungen eignen sich erfahrungsgemäß besonders gut, um zu meditieren und innere Klarheit zu entwickeln. Sitzen ist nicht besonders anstrengend, andererseits schläft man im Sitzen auch nicht leicht ein. Dies ist wichtig, denn nur wenn Sie sowohl entspannt als auch ganz wach und bewusst sind, können Sie Ihren Blick auf das Wesentliche lenken.

Ihr Sitz muss stabil und angenehm sein. Wenn Sie auf dem Boden sitzen und ein oder zwei feste Kissen unter das Gesäß legen, haben Sie eine gute Sitzbasis. Folgende Haltung ist empfehlenswert: Winkeln Sie das linke Bein an und ziehen Sie den linken Fuß möglichst nah an das Gesäß; legen Sie dann den rechten Fuß auf den linken Unterschenkel, sodass beide Knie den Boden berühren. Mit den Händen bilden Sie eine Schale: Legen Sie dazu Ihren linken Handrücken flach in die rechte Handfläche. Die Daumenkuppen berühren sich, die Handkanten liegen unterhalb des Bauchnabels am Bauch an, sodass die Handflächen eine nach oben geöffnete »Schale« symbolisieren.

Um die Wirbelsäule noch ein wenig zu dehnen, ziehen Sie das Kinn leicht zur Brust. Schließen Sie die Augen und entspannen Sie Schultern und Gesicht. Konzentrieren Sie sich ganz auf Ihre Haltung – die Stellung der Beine, des Rückens, der Hände ... Wenn Sie Ihren

Körper ganz still halten, werden Sie bemerken, wie auch Ihr Geist immer mehr zur Ruhe kommt.

Sie können auch andere Sitzhaltungen ausprobieren, etwa den Schneidersitz, oder, wenn Sie sehr gelenkig sind, den Lotossitz. Wichtig ist nur, dass Sie mehrere Minuten vollkommen regungslos und doch entspannt sitzen können.

Die Sonne-Mond-Atmung

70

Die Yogaphilosophie beschäftigt sich mit der Frage, wie wir uns von Verwirrung, Leiden und Abhängigkeit befreien können. Aus ihr entwickelte sich der praktische Yoga, der mit körperlichen und geistigen Techniken arbeitet. Vor allem die Atemübungen des Yoga schlagen viele Fliegen mit einer Klappe – durch sie können wir gleichzeitig Lebensenergie sammeln, uns entspannen, unsere Konzentration stärken und in unsere Mitte zurückfinden.

Die folgende Technik hilft dabei, die positiven und negativen Ströme in uns ins Gleichgewicht zu bringen; sie wird daher auch als »Sonne-Mond-Atmung« bezeichnet. Wenn Sie die Übung täglich auch nur 5 Minuten durchführen, werden Sie erstaunt sein, wie sehr dies Ihre geistige Klarheit schärft. Führen Sie die »Sonne-Mond-Atmung« möglichst morgens vor dem Frühstück aus. (Wenn Sie zwischendurch üben wollen, sollten Sie dies stets auf nüchternen Magen tun.)

Setzen Sie sich im Schneidersitz auf den Boden oder aufrecht auf einen Stuhl. Wichtig ist, dass Sie den Rücken nicht anlehnen, die Wirbelsäule gerade halten und die Augen schließen. Bei der »Sonne-Mond-Atmung« atmen Sie immer abwechselnd durch das linke und rechte Nasenloch – langsam und sanft.

Winkeln Sie Zeige- und Mittelfinger der rechten Hand nach innen an. Atmen Sie zunächst tief ein, verschließen Sie dann das rechte Nasenloch mit dem Daumen und atmen Sie durch das linke 8 Sekunden lang aus. Sobald die Lungen gründlich geleert sind, atmen Sie links 8 Sekunden lang ein. Am Ende der Einatmung lösen Sie den Daumen und verschließen nun das linke Nasenloch mit kleinem Finger und Ringfinger. Atmen Sie jetzt durch das rechte Nasenloch 8 Sekunden aus und ebenso lange wieder ein.

Wiederholen Sie diese Runde – links aus, links ein, rechts aus, rechts ein – mindestens eine, besser einige Minuten lang und beobachten Sie, wie Ihr Geist sich dabei immer freier und leichter anfühlt.

Immer eins nach dem anderen

71

Wie können Sie dem täglichen Teufelskreis aus Zeitdruck, Nervosität und hektischem Handeln entgehen¿ Ganz einfach: indem Sie gesammelt bleiben! Eine der effektivsten Möglichkeiten, bei sich zu bleiben und sich nicht aus der Ruhe bringen zu lassen, besteht darin, *immer nur eine Sache gleichzeitig zu tun.*

Eigentlich sollte man meinen, dass wir ohnehin immer nur eine Sache tun können. Schließlich sind wir als menschliche Wesen an Zeit und Raum gebunden, weshalb es uns zum Beispiel nicht möglich ist, zur gleichen Zeit auf zwei Hochzeiten zu tanzen. Doch tatsächlich versuchen wir oft, möglichst viel auf einmal zu erledigen – allerdings mit dem Ergebnis, das nichts mehr so recht gelingen mag.

Vermutlich kennen Sie das (von anderen oder von sich selbst ...¿!): Es ruft Sie jemand an und versucht dabei, nebenher E-Mails durchzulesen oder durchs Internet zu surfen. Sie merken das daran, dass der/die andere beim Gespräch oft den Faden verliert und manchmal gar nicht mehr weiß, warum er/sie eigentlich angerufen hat ...

Körperlich ist es recht schwierig, zwei Dinge auf einmal zu tun: Versuchen Sie mal, ein Hemd zu bügeln, während Sie sich die Zähne putzen ... Gedanklich können wir hingegen schon längst beim Bügeln sein, obwohl wir uns noch die Zähne putzen. Doch es bringt viel Unruhe in unseren Geist, wenn wir immer zwei Schritte auf einmal gehen wollen. Wie ein Orchester immer nur einen Takt nach dem anderen spielt und so eine ganze Sinfonie zum Erklingen bringt, so sollten auch wir immer nur einen Schritt nach dem anderen tun.

Als ein Zen-Meister nach seinem Weg zur Erleuchtung gefragt wurde, antwortete er: »Wenn ich mich ankleide, kleide ich mich an. Wenn ich esse, esse ich.« Das klingt einfach, nicht wahr? Und doch ist dieser Weg sehr effektiv, denn durch eine solche Haltung wird das Leben ziemlich stress- und sorgenfrei.

72 Die Kunst der Konzentration

Wenn Sie geistesabwesend sind, wird es Ihnen schwer fallen, auf Ihre Seeleninsel zu gelangen. Sind Sie hingegen konzentriert, ist es leicht für Sie, auch in turbulenten Zeiten bei sich selbst zu bleiben. »Konzentration« bedeutet »Sammlung auf einen Mittelpunkt« und bezeichnet die Fähigkeit, seine Aufmerksamkeit willkürlich auf ein Objekt zu lenken. Konzentration ist eine ganz natürliche Begabung, die wir schon bei spielenden Kindern beobachten können.

Es lohnt sich, seine Konzentration zu trainieren. Wer konzentriert ist, kann in einer Stunde erledigen, wozu andere doppelt so lang brauchen. Außerdem verschwinden Sorgen und Belastungen im Nu, wenn wir gesammelt bleiben.

Marc Aurel sagte: »Es ist so leicht, unwillkommene und unliebsame Gedanken zurückzuweisen, und schon hat man seine Ruhe wieder.« Aha. Beginnen wir also am besten gleich damit, uns mit der Kunst der Konzentration vertraut zu machen, um es leichter zu haben.

Folgende Tipps entwickeln die Konzentration, die übrigens nicht mit Anspannung verwechselt werden sollte! Je entspannter Sie üben, desto besser:

- Lernen Sie immer wieder einmal ein kleines Gedicht auswendig;
- Üben Sie sich im Zeichnen. Versuchen Sie verschiedene Gegenstände wie Vasen, Stühle aber auch Landschaften usw. abzuzeichnen.
- Nehmen Sie sich eine halbe Minute Zeit, um 10 Gegenstände in Ihrem Zimmer auszuwählen. Schließen Sie die Augen, zählen Sie die Gegenstände auf und versuchen Sie gleichzeitig, sie innerlich zu sehen.
- Versuchen Sie in einem ruhigen Raum, Geräusche zu erinnern: Wie klingt ein Zug, wie der Wind oder ein Flugzeug? Wie hört sich die Stimme Ihrer besten Freundin an? Wie klingt ein Klavier, wie eine Flöte oder eine Gitarre? Und wie hört es sich an, wenn Sie duschen oder sich die Zähne putzen?
- Erzeugen Sie innere Bilder. Lassen Sie vor Ihrem inneren Auge Bäume, Landschaften, Gesichter oder Farben entstehen – je plastischer, desto besser!

73

»Pratyahara« oder »Das Geheimnis der Schildkröte«

»Pratyahara« ist ein Sanskritbegriff; am ehesten lässt er sich mit »das Zurückziehen des Geistes von den Sinnesobjekten« übersetzen. Durch Pratyahara können Sie einen paradiesischen Zustand in Ihrem Geist erzeugen und sich von Sorgen, Ängsten und Unrast befreien. So wie eine Schildkröte sich vor Angriffen schützt, indem sie ihren Kopf und ihre Beine in ihren Panzer einzieht, so schützt derjenige, der Pratyahara übt, seinen Geist, indem er sich von den Reizen der Außenwelt abwendet. Der indische Gelehrte Patanjali schreibt in seinen Yoga-Sutras: »Wenn sich das Denken von den Sinnesobjekten zurückzieht und die Sinnesorgane zur Ruhe kommen, wird dies als Pratyahara bezeichnet. Pratyahara führt zur vollkommenen Beherrschung der Sinne.«

Richten Sie Ihre Aufmerksamkeit von außen nach innen! Dadurch sammeln Sie geistige Kräfte und lösen sich von äußeren Einflüssen, die ohnehin nie zum Glück führen. Die Pratyahara-Praxis ist einfach: Begeben Sie sich an einen ruhigen Ort, schließen Sie die Augen und ziehen Sie Ihre Aufmerksamkeit ganz von den Außenreizen ab. Lauschen, schauen und spüren Sie nach innen, ohne Geräuschen oder anderen Ablenkungen Beachtung zu schenken.

Indem Sie Ihr Bewusstsein nach innen lenken, werden Sie immer ruhiger und gelassener werden. Und wenn Sie Pratyahara regelmäßig durchführen, erfahren Sie sehr interessante Dinge über sich selbst ...

Pratyahara ermöglicht es Ihnen, einen sehr friedvollen, harmonischen Zustand herzustellen. Mit etwas

Übung können Sie »das Geheimnis der Schildkröte« sogar mitten im Alltag anwenden. Auch wenn hier vielerlei optische und akustische Reize auf Sie einwirken, brauchen Sie sich davon ja nicht aus Ihrer Mitte reißen zu lassen. Wenn Sie gesammelt und nach innen gekehrt bleiben, so können Sie auch in stürmischen Zeiten Gemütsruhe und Heiterkeit bewahren, falls Ihnen danach ist.

Aus dem Kopf aufs Papier 74

Die Ausflüge zur Seeleninsel führen dazu, Abstand zu weltlichen Sorgen und Belastungen zu gewinnen. Interessanterweise helfen sie uns zugleich, unsere »weltlichen Pflichten« besser zu erfüllen. Wer sich regelmäßig Zeit für sich selbst nimmt, entwickelt Ruhe und Klarheit, kann seine Aufgaben gelassener erledigen und seine Ziele schnell, und doch ohne Hektik erreichen.

Wenn Sie den Überblick behalten und effektiv handeln möchten, ist die folgende Methode hilfreich. Bedenken Sie, dass Stress meist im eigenen Kopf entsteht! Wenn Ihr Denken ständig um Dinge kreist, die noch erledigt werden müssen, werden Sie sich bald gestresst fühlen. Vermeiden Sie das, indem sie alle Gedanken, die in Ihrem Kopf herumtoben, zu Papier bringen und ordnen.

Schreiben Sie abends alles auf, was am nächsten Tag zu erledigen ist. Listen Sie die Punkte einfach in der Reihenfolge auf, in der sie Ihnen einfallen. Je mehr Sie aufschreiben, desto freier wird Ihr Kopf werden: Notieren Sie wichtige Geschäftstermine, schreiben Sie es auf, wenn Ihr Auto zum TÜV muss oder die Steuererklärung fällig ist. Notieren Sie aber auch alltägliche Erledigungen – was Sie einkaufen wollen, dass der Rasen gemäht werden muss oder Sie Ihrer Tante telefonisch zum Geburtstag gratulieren möchten. Sobald Ihnen nichts mehr einfällt, gehen Sie folgendermaßen vor:

1. Unterstreichen Sie mit Rotstift, was schnell erledigt werden muss.
2. Machen Sie Klammern um die Punkte, die nicht eilig oder nicht besonders wichtig sind oder die sich vielleicht von selbst erledigen könnten.
3. Versuchen Sie eine Reihenfolge nach Dringlichkeit herzustellen. Nummerieren Sie die einzelnen Punkte entsprechend durch.
4. Streichen Sie alles, was Sie erledigt haben, dick durch.
5. Verschieben Sie Punkte, zu denen Sie heute nicht kamen, auf den nächsten Tag. Erledigen Sie sie jedoch spätestens nach dem dritten Verschieben!

75 »Wie es in den Wald hineinruft …« oder Buddhas Tipp (1)

Unsere innere Haltung bestimmt unser Handeln. Menschen mit einer aggressiven Haltung neigen dazu, aggressiv zu sprechen, aggressiv Auto zu fahren und sich mit anderen zu streiten. Menschen, die eine liebevolle Haltung pflegen, benützen liebevolle Worte und kümmern sich mitfühlend um andere. Der Begriff »Karma«, den die Buddhisten benutzen, meint nichts anderes als dieses Gesetz von Ursache und Wirkung.

»Karma« heißt weder »Schicksal« noch »Schuld«, sondern bedeutet einfach nur, dass wir das ernten, was wir säen. Das Karma-Gesetz besagt, dass es nicht egal ist, was wir für Gedanken und Gefühle hegen und wie wir handeln, denn all dies wird bestimmte Reaktionen hervorrufen, denen wir uns stellen müssen. Buddha empfahl seinen Schülern, sich an einen ruhigen Ort zurückzuziehen und über die Gefahren nachzudenken, die durch eine aggressive, hasserfüllte Haltung entstehen. Und er riet ihnen, ebenso darüber nachzusinnen, welche Vorteile aus einer liebevollen, verständnisvollen Haltung zu erwarten sind.

Lassen Sie Ihre Fantasie spielen: Stellen Sie sich zum Beispiel vor, dass Sie Ihren Partner anbrüllen, sobald Sie nach Hause kommen. Wie wird er/sie reagieren? Oder: Was würde passieren, wenn Sie jemandem etwas wegnehmen, was er sehr liebt? Welche Früchte können Sie erwarten, wenn Sie »über Leichen gehen«? Wie werden die Folgen für andere und für Sie dabei aussehen?

Stellen Sie sich ebenso vor, was passieren würde, wenn Sie sich allen gegenüber freundlich verhalten, wenn Sie aufbauende, liebevolle Worte benutzen oder jemandem etwas schenken, was er dringend braucht. Nur wenn wir gelegentlich über unsere Haltung und ihre Folgen nachsinnen, können wir besonnen handeln. Dadurch werden wir nicht nur viele Probleme vermeiden, wir werden auch positive Energien ausstrahlen, die sich spürbar auf unsere Umgebung und nicht zuletzt auch auf uns selbst auswirken werden.

76 Führen Sie Tagebuch

Es ist etwas altmodisch geworden, Tagebuch zu führen. Zwar nehmen wir uns fast alle die Zeit, unseren Terminkalender mit Daten anzufüllen, doch nur wenige kommen auf die Idee, niederzuschreiben, was sie erlebt haben. Schade – denn ein Tagebuch ist eine einfache und wunderbare Möglichkeit, sich seines Daseins bewusster zu werden. Wenn Sie Tagebuch schreiben:

- können Sie alles, was Sie erlebt haben, noch einmal vertiefen;
- werden Sie sich viel Ballast von der Seele schreiben;
- verbessern Sie Ihr Gedächtnis und wecken Ihre Kreativität;
- erkennen Sie, ob Sie auf dem richtigen Weg zu Ihren Zielen sind.

Früher haben viele Menschen Tagebuch geführt, darunter große Künstler, Staatsmänner und Wissenschaftler. Heute sitzt man lieber vor dem Fernseher und lässt sich von »Secondhand-Gefühlen« einlullen, als sich um seine eigenen Gefühle und Erlebnisse zu kümmern. Das gute alte Tagebuch bietet uns jedoch jederzeit die Chance, uns selbst wieder etwas wichtiger zu nehmen. Um ein Tagebuch so zu führen, dass es mehr innere Harmonie und Erkenntnis schenkt, sind einige kleine Regeln zu beachten:

1. Sie sollten regelmäßig, müssen aber nicht täglich schreiben. Und es genügt, sich einige Notizen zu machen – es muss ja kein Roman werden.
2. Notieren Sie wichtige Ereignisse, wichtige Situationen und Begegnungen.
3. Schreiben Sie nicht nur auf, was passiert ist, sondern auch, wie Sie darauf reagiert haben! Was haben Sie gefühlt, wie ging es Ihnen dabei?

4. Versuchen Sie, zu erkennen, welche Themen Sie besonders beschäftigen. Passieren Ihnen bestimmte Sachen immer wieder?
5. Wenn Sie längere Zeit Tagebuch führen, sollten Sie öfter einmal zurückblättern. Können Sie eine Entwicklung erkennen? Wohin steuern Sie?

77

Die Schlaraffenland-Technik

Die »Schlaraffenland-Technik« ermöglicht es Ihnen, Ihr Unterbewusstsein zu programmieren und eine Vision für Ihr Leben zu entwickeln. Durch diese Methode verankern Sie positive Vorstellungen in Ihrem Geist und setzen dadurch Kräfte frei, die Ihnen helfen, Ihre Träume zu verwirklichen.

Schließen Sie die Augen, und denken Sie sich fünf Jahre weiter in die Zukunft. Versetzen Sie sich bei der Übung jedoch so in die Zukunft, als wäre sie bereits Gegenwart. Im Reich Ihrer Vorstellungen gibt es keine Begrenzungen! Scheuen Sie sich also nicht, sich in Situationen »hineinzuträumen«, in denen Sie *alle Ihre Wünsche* verwirklicht haben. Sehen Sie sich in Ihrer Schlaraffenland-Vision selbst, wie Sie Dinge tun, die Ihren Begabungen entsprechen, Dinge, die Sie wirklich lieben. Umgeben Sie sich darin nur mit Menschen und Gütern, die absolut zu Ihnen passen und die Ihnen helfen, eine harmonische Atmosphäre aufzubauen. Üben Sie die Kunst des produktiven Tagträumens, indem Sie sich ganz konkret ausmalen, wie Sie bereits am Ziel Ihrer Träume sind. Damit Ihr Unterbewusstsein diese Ziele effektiv umsetzen kann, sollten Sie:

- Ihre inneren Bilder in intensive, leuchtende Farben tauchen;
- auch Ihren Gehörsinn in die Situationen mit einbeziehen, indem Sie innerlich hören, welche Klänge Sie umgeben, was Sie oder andere sagen usw.;
- sich lebhaft vorstellen, wie Sie sich in Ihrem »Schlaraffenland« bewegen;
- möglichst viele positive Gefühle mit dem Zustand verbinden, den Sie sich herbeisehnen.

Je häufiger Sie sich innerlich eine wunderschöne Zukunft schenken, desto deutlicher werden Sie spüren, ob die Ziele, die Sie derzeit im Auge haben, dem entsprechen oder eher hinderlich sind. Und je konkreter Sie sich selbst in Ihrem Schlaraffenland erleben, desto stärker werden die in Ihnen schlummernden Kräfte nach Verwirklichung streben.

Ein Schlaraffenland-Beispiel

Jeder von uns hat andere Wünsche und Ziele. Wir können Ihnen daher nicht sagen, wie Ihr Schlaraffenland aussieht. Damit Sie aber eine vage Vorstellung davon bekommen, wie eine Zukunftsszene in etwa aussehen könnte, folgt nun ein kleines Beispiel. Der Text ist absichtlich kurz und allgemein gehalten, um Ihre Vorstellungen nicht zu behindern. Vielleicht wollen Sie sich in einigen Punkten an das Beispiel anlehnen, aber sicher werden Sie in anderen deutlich abweichen. Nur Sie selbst können Ihr Idealbild schaffen und es mit Leben füllen!

»Ich wache morgens auf und fühle mich rundum wohl. Ich bin körperlich fit und seelisch ausgeglichen. Neben mir liegt der Partner, den ich von Herzen liebe. Ich freue mich darauf, aufzustehen, um in schöner Umgebung gemeinsam mit ihm zu frühstücken. Ich bin sehr dankbar dafür, dass ich einen Beruf ausüben kann, der mich täglich mit interessanten Menschen zusammenbringt. Zusammen mit meinem Team setze ich in der kleinen Firma, die ich gegründet habe, meine Ideen um. Die Projekte, die wir verwirklichen, faszinieren viele Menschen und täglich ernten wir positives Feedback.

Auch mein Lebenspartner ist sehr glücklich. Er geht seiner Kunst nach, die auch mich bereichert. Jeden Abend erzählen wir uns, was wir erlebt haben, und dann kochen wir gemeinsam oder gehen noch aus. Oft genießen wir die warmen Abende auf unserer Veranda, von wo aus wir einen wunderbaren Blick auf das Meer haben. Manchmal laden wir gute Freunde ein, lachen viel und führen interessante Gespräche. Gemeinsam planen wir dann Projekte, die wir noch realisieren wollen und die es uns ermöglichen, zusammen faszinierende Erfahrungen zu sammeln. Schließlich verabschieden wir uns von unseren Freunden. Am späten Abend spiele ich noch ein Stück auf dem Klavier und freue mich, dass ich mich doch noch entschlossen habe, ein Instrument zu lernen …«

78 Die verwandelnde Kraft der Stille

Wenn wir krank sind, fällt es uns schwer, uns auf unsere Aufgaben zu konzentrieren. Mit Grippe wollen wir nur noch unsere Ruhe haben. Nicht umsonst werden chronisch Kranke in die Kur geschickt, denn Stille ist ein vorzügliches Heilmittel! Durch Zurückgezogenheit und Stille können wir wieder ins Gleichgewicht finden. Schade, dass wir die Macht der Stille so selten nutzen, um dem Stress Lebewohl zu sagen. Dabei ist erwiesen, dass Lärm über kurz oder lang Nervosität, Schlafstörungen, Depressionen und sogar körperliche Beschwerden hervorruft.

In allen Religionen spielt die verwandelnde Kraft der Stille eine große Rolle. Die Taoisten betonen, wie wichtig es ist, »still zu werden und zur Quelle zurückzukehren«. Und im Buch Jesaja lesen wir: »Nur in Umkehr und Ruhe liegt eure Rettung, nur Stille und Vertrauen verleihen euch Kraft.« (Jesaja; 30:15)

Nutzen Sie die wohltuende Kraft der Stille! Schützen Sie sich vor Verkehrs-, TV- und Handylärm, indem Sie sich immer wieder einmal in die Natur oder in einen Park zurückziehen. Vor allem aber sollten Sie die innere Stille pflegen. Gedanken, Emotionen, Sorgen usw. verursachen nämlich ständig »inneren Lärm«, der ebenso schadet wie der äußere.

Setzen Sie sich immer wieder einmal kurz in eine ruhige Ecke. Schließen Sie die Augen, atmen Sie tief durch und befreien Sie Ihren Kopf bewusst von allem Ballast; lösen Sie sich von den Menschen, Situationen und Aufgaben des Alltags und versuchen Sie, innerlich still zu werden. Lassen Sie alle Gedanken und Gefühle los und suchen Sie nach dem weiten, lichten Raum der Stille, der mitten in Ihrem eigenen Geist auf Sie wartet.

Es gibt keine Pauschallösung, um innere Stille zu erfahren. Nur Sie selbst können den Weg zu Ihrer Seeleninsel finden und Ihr inneres Paradies entdecken. Der »Trick« besteht einfach darin, sich auf den Weg zu machen und anzuklopfen. Irgendwann wird sich die Türe ganz von selbst plötzlich öffnen ...

79

Das Brief-Verbrennungs-Ritual

Das folgende kleine Ritual ist recht unterhaltsam. Vor allem aber befreit es Sie von seelischem »Müll«, sofern dieser als Reaktion auf eine andere Person entstanden ist. Nicht selten haben wir es mit verständnis- und rücksichtslosen Mitmenschen zu tun. Durch unpassendes Verhalten oder unüberlegte Worte ärgern oder verletzen uns nicht nur Kollegen, Beamte oder Verkäuferinnen, sondern mitunter sogar unser Partner, unsere Freunde oder Kinder.

Am besten ist es natürlich, Probleme direkt mit demjenigen zu besprechen, mit dem man sie hat. Wenn Ihnen das jedoch schwer fällt, ist das Brief-Verbrennungs-Ritual sehr hilfreich. Es ähnelt einer kleinen Opferung. Sie besänftigen sozusagen die »Götter Ihrer Emotionen«, indem Sie ihnen ein kleines Rauchopfer darbieten. Alles, was Sie brauchen, ist Briefpapier, einen Stift, ein Streichholz und eine große, feuerfeste Schale – und schon kann's losgehen:

Schreiben Sie einen Brief an den Menschen, der Sie geärgert, verletzt oder enttäuscht hat. Lassen Sie richtig Dampf ab, indem Sie sich allen Ärger von der Seele schreiben. Schreiben Sie alles auf, was Ihnen einfällt – auch Dinge, die Sie nie aussprechen würden. (Keine Angst, Sie werden den Brief nicht abschicken!)

Sobald der Brief beendet ist, gehen Sie kurz aus dem Zimmer und tun irgendetwas ganz anderes, beispielsweise abspülen oder einen Freund anrufen. Nehmen Sie nach dieser Pause den Brief wieder zur Hand und lesen Sie ihn nochmals durch. Zerknüllen Sie ihn dann, legen Sie ihn in eine große feuerfeste Schale oder ins Waschbecken und zünden Sie ihn an. (Stellen Sie vorsichtshalber etwas Wasser bereit – schließlich sollen Sie bei der Übung nicht Ihre Wohnung anzünden.)

Stellen Sie sich vor, wie all Ihre negativen Emotionen im Feuer verbrennen und sich im aufsteigenden Rauch verflüchtigen. Dieses Ritual wirkt sehr reinigend. Und wenn Sie es konzentriert ausführen, werden Sie merken, dass sich alle Ihre belastenden Gefühle tatsächlich in Luft auflösen …

Inneren Ballast abwerfen 80

Einen Berg zu besteigen ist eine schöne Sache. Vor allem das gute Gefühl, den Gipfel erreicht zu haben, und das wunderbare Panorama lohnen die Mühe. Allerdings wird Bergsteigen um so anstrengender, je mehr überflüssiges Gepäck Sie dabeihaben. Auch für die Reise nach innen gilt: Je mehr Gepäck Sie schleppen, desto schwieriger wird es, das Ziel zu erreichen, sich von einengenden Einstellungen zu befreien und Ruhe, Kraft und Klarheit zu entwickeln.

Sich von überflüssigen äußeren Dingen zu trennen ist bereits sehr wohltuend. Noch viel heilsamer ist es jedoch, sich von innerem Ballast zu befreien. Mit jeder inneren Last, die Sie ablegen, werden Sie sich sehr viel freier und glücklicher fühlen!

Es gibt viele Sorten von innerem Ballast, etwa Süchte aller Art. Viele Menschen sind von Alkohol, Nikotin, Beruhigungsmitteln, Drogen oder Sex abhängig. Andere vom Essen. Und wir können sogar nach Fernsehen, Arbeit oder Konsum süchtig sein.

Auch durch negative Gefühle oder »seelische Fehlhaltungen« in Form von Neid, Eifersucht, Missgunst, Machtstreben, Geltungsdrang, Gier oder Geiz entstehen unsichtbare Ketten, die uns unglücklich machen. Doch wir können diese Ketten jederzeit sprengen. Dazu ist allerdings eine kraftvolle Entscheidung nötig oder anders gesagt: Sie müssen Ihren Ballast wirklich loswerden *wollen!*

Der erste Schritt zur Befreiung besteht darin, sich seiner Fixierungen bewusst zu werden und ehrlich zu sich selbst zu sein; was Sie verdrängen, können Sie nämlich nie und nimmer ändern. Der zweite Schritt, der Ihr Gepäck gewaltig reduzieren wird, besteht darin, sich Zeit für sich selbst zu nehmen und Körper, Seele und Geist zu pflegen – beispielsweise durch die *99 Kurztrips nach innen*. Alles, was Sie tun, um sich zu entspannen und Stress abzubauen, gleicht dem Abwerfen der Sandsäcke im Heißluftballon – es wird Sie leicht und frei machen!

81 Aufrichtig sein

Aufrichtigkeit erfordert innere Kraft. Es ist weder einfach, anderen gegenüber offen zu sagen, was man fühlt und denkt, noch, sich selbst gegenüber aufrichtig zu sein. Nicht umsonst schreibt La Rochefoucauld: »Schwache Menschen können nicht aufrichtig sein.«

Andererseits helfen Ehrlichkeit und Aufrichtigkeit uns:

- uns für andere zu öffnen;
- unsere Beziehungen zu heilen;
- uns selbst treu zu bleiben;
- uns nicht in Täuschung und Selbsttäuschung zu verstricken.

Wer aufrichtig leben möchte, bemüht sich, weder andere noch sich selbst zu täuschen. Mit strenger Moral hat das nichts zu tun. Auch nicht damit, immer seine Meinungen durchzusetzen. Vielmehr geht es darum, sich nicht zu verstellen und seine Rollenspiele zu durchschauen. Wenngleich Aufrichtigkeit eine gewisse Anstrengung erfordert, lohnt sie sich doch sehr: Wer aufrichtig ist, kann ganz natürlich, unverkrampft und mit reinem Gewissen leben.

Es gibt einige Tricks, um die Kraft der Aufrichtigkeit in sich zu fördern:

- Beobachten Sie sich im Alltag: Wie handeln Sie, was sagen Sie zu anderen? Stimmt das, was Sie denken, mit dem, was Sie sagen, überein?
- Falls es Dinge gibt, die Sie jemandem verschweigen, obwohl es wichtig wäre, mit ihm darüber zu sprechen, dann zögern Sie nicht länger!
- Aufrichtig sein heißt nicht, andere zu verletzen. Sprechen Sie nur von Ihren eigenen Gefühlen, greifen Sie andere nicht an und unterstellen Sie nichts.

- Haben Sie ein schlechtes Gewissen? Wahrscheinlich hat es damit zu tun, dass Sie etwas getan haben, was Ihren inneren Werten widerspricht. Finden Sie heraus, was das gewesen sein könnte ...

82 Ordnung schaffen

Einige Menschen brauchen peinlichste Ordnung, um sich einigermaßen wohl zu fühlen. Andere hinterlassen überall »Chaos«. Warum auch nicht – schließlich kann jeder sich sein Leben so einrichten, wie es ihm gefällt. Wenn es jedoch darum geht, innere Klarheit zu entwickeln, oder darum, die Übersicht zu bewahren und seinen Blick für das Wesentliche zu stärken, kommt man an einem gewissen Maß an Ordnung nicht vorbei.

Es kommt aber nicht nur auf das richtige Maß, sondern auch auf die richtige Art von Ordnung an. Wer den ganzen Tag damit beschäftigt ist, Staub zu saugen und seine Wohnung aufzuräumen, verschwendet wertvolle Energien, die er beispielsweise für kreative Tätigkeiten sinnvoller einsetzen könnte. Wer jedoch um sich herum nur Chaos anhäuft, wird leicht selbst zum Opfer seiner Unordnung und ärgert sich regelmäßig darüber, dass er wichtige Dinge nicht finden kann.

Es ist leichter, eine friedliche, ruhige und harmonische Atmosphäre zu schaffen, wenn man ein gesundes Maß an Ordnung hält. Das geht ganz schnell:

- Räumen Sie alles von Ihrem Schreibtisch, was Sie von der Arbeit ablenken könnte. Beschriften Sie Ordner und Kisten, um Ihren Papierkram zu ordnen.
- Schaffen Sie in Ihrer Wohnung wenigstens so viel Ordnung, dass Sie selbst sich noch zurechtfinden und sofort wissen, wo wichtige Dinge liegen.
- Ordnen Sie Ihre Tätigkeiten. Notieren Sie, was zuerst erledigt werden muss. Teilen Sie sich Ihre Aufgaben in einzelne, übersichtliche Teilschritte ein.
- Schaffen Sie Ordnung in Ihrem Kopf: Machen Sie sich bewusst, welche Menschen, Tätigkeiten oder Ziele Ihnen besonders wichtig und welche weniger wichtig sind.
- Kleben Sie das Schild »Keine Werbung einwerfen« auf Ihren Briefkasten: Je weniger Papierkram Sie anhäufen, desto eher behalten Sie den Überblick..
- Kaufen Sie nichts, was Sie nicht wirklich brauchen.

83

Loslassen

Jeder Mensch hat Wünsche, Ziele und gewisse Vorstellungen davon, wie die Dinge laufen sollten. Das ist gut und wichtig, denn durch unsere persönlichen Einstellungen können wir uns von anderen abgrenzen und unsere Individualität wahren. Es gibt Momente, in denen wir Hindernisse aus dem Weg schaffen müssen, um unsere Ziele zu verwirklichen. Doch ebenso gibt es Augenblicke, in denen die beste Lösung darin besteht, den Dingen ihren Lauf zu lassen.

Wir sollten nicht erwarten, dass die äußeren Umstände immer unseren Vorstellungen entsprechen. Zu viele Faktoren entziehen sich unserer Kontrolle. Keine andere Lebenskunst löst so viele Probleme wie die Kunst des Loslassens. Doch wie jede andere Kunst bedarf sie der Übung:

Setzen Sie sich entspannt in eine ruhige Ecke. Schließen Sie die Augen und machen Sie sich bewusst, was Sie festhalten. Vielleicht halten Sie einen anderen Menschen fest oder Sie halten eisern an Ihrer Meinung fest. Man kann sich an so vielem festhalten – an Suchtmechanismen, Sicherheitsdenken, an seinen Sorgen, unrealistischen Zielen, an Geld, an seiner Jugend usw.

Was immer es ist, was Sie festhalten – nehmen Sie es symbolisch in Ihre rechte Hand. Stellen Sie sich beispielsweise vor, Sie hielten Ihr Bedürfnis, alles perfekt zu machen, in Ihrer Hand. Schließen Sie nun die Hand fest zur Faust. Kneifen Sie Ihr Gesicht zusammen und ziehen Sie Ihre Schultern nach oben, so, als wären Sie äußerst verkrampft. Halten Sie diese Spannung einige Sekunden lang ...

Atmen Sie tief ein. Atmen Sie dann tief aus und denken Sie: »Ich lasse ... (in unserem Beispiel ›meinen Perfektionismus‹) jetzt los!« Öffnen Sie dabei Ihre Faust, lassen Sie die Schultern locker fallen und entspannen Sie Ihr Gesicht. Wiederholen Sie die Übung dreimal: Denken Sie an etwas, das Sie loslassen möchten; umschließen Sie es symbolisch mit der Faust, spannen Sie Ihre Muskeln an und lassen Sie dann bewusst los. Beobachten Sie, wie sich das anfühlt ...

Klare Ziele

84

Unsere Ziele sind überaus wichtig, denn sie bestimmen unsere Entwicklung und unseren Lebensweg. Nur wer seine Ziele kennt, kann sie auch erreichen. Und nur wenn das Ziel klar ist, können wir herausfinden, ob es auch befriedigend, erfüllend und somit wert ist, erreicht zu werden. Seneca sagte: »Wenn ein Kapitän nicht weiß, welches Ufer er ansteuern soll, ist kein Wind der richtige.«

Um Ihre Träume zu verwirklichen, brauchen Sie eine starke Motivation; und die haben Sie nur, wenn Ihr Ziel nicht nur Ihre Vernunft, sondern auch Ihr Herz begeistert. Sie können klare Ziele gewinnen, wenn Sie sich drei Fragen stellen:

1. *»Was will ich?«*
2. *»Warum will ich das?«*
3. *»Wie werde ich mich fühlen, wenn ich mein Ziel erreicht habe?«*

Ihre Ziele werden Sie nur dann befriedigen, wenn sie mit Ihren Werten in Einklang stehen. Schon wenn Sie ein Auto kaufen, hängt Ihre Wahl von Ihren Werten ab. Legen Sie eher Wert auf *Schönheit*, auf *Sicherheit*, *Sparsamkeit* oder *Sportlichkeit*? Besonders bei Lebenszielen gilt, dass sie mit Ihren Werten vereinbar sein sollten. Wenn Sie *Freiheit* und *Unabhängigkeit* über alles lieben, ist es vermutlich nicht sinnvoll, eine Familie zu gründen. Wenn *Sicherheit* Ihnen sehr wichtig ist, sollten Sie besser nicht Dichter oder Schauspieler werden. Es gibt viele wichtige Werte, zum Beispiel:

Abenteuer, Ansehen, Begeisterung, Ehrlichkeit, Einfachheit, Erfüllung, Fitness, Freiheit, Frieden, Freundschaft, Gemeinschaft, Harmonie, Herausforderung, Humor, Kreativität, Lernen, Ordnung, Selbstständigkeit, Sicherheit, Spaß, Spiritualität, Verantwortung, Wahrheit, Weltverbesserung, Wissen usw.

Um klare Ziele zu gewinnen, können Sie folgendermaßen vorgehen: Überlegen Sie sich drei Werte, die in Ihrem Leben eine besonders große Rolle spielen. Schreiben Sie sie auf. Schreiben Sie Ihre Ziele daneben und unterstreichen Sie diejenigen, die am besten mit Ihren Werten vereinbar sind.

85 Die Elefantenherde klein halten

Probleme haben die unangenehme Eigenschaft, dass sie in den seltensten Fällen von selbst verschwinden. Ganz im Gegenteil – je länger wir sie vor uns her schieben, desto mehr Gewicht bekommen sie. In gewisser Weise verhalten sich Probleme oft wie eine angriffslustige Ele-

fantenherde: Stellen Sie sich vor, dass auf einer Safari am Horizont eine Herde wilder Elefanten auftaucht. Während Sie noch fasziniert hinschauen, wird Ihnen immer klarer, dass die Elefanten direkt auf Sie zulaufen. Und wie es aussieht, haben die lieben Tierchen ziemlich schlechte Laune …

Wenn Sie nun einfach abwarten und nichts tun, werden Sie die Erfahrung machen, dass die Elefanten immer größer werden. Zuerst waren sie noch sehr weit weg und winzig klein; es wäre leicht gewesen, zu entkommen. Doch jetzt sind sie auf einmal riesengroß, und je näher sie kommen, desto schwieriger wird es, nicht in Panik zu geraten, einen einigermaßen klaren Kopf zu bewahren und einen Ausweg zu finden.

Und die Moral von der Geschicht? Erledigen Sie Probleme sofort! Probleme vergiften den Geist; solange Sie

Probleme wälzen, können Sie keinen klaren, friedvollen Geist haben. Natürlich gibt es einige Probleme, die nicht der Rede wert sind; hier lautet die beste Strategie: »Abwarten und Tee trinken«; doch meistens ist es besser, Probleme möglichst schnell zu lösen.

Sind Sie verärgert, dass Ihre Freundin beleidigend war? Sagen Sie es ihr sofort! Nervt es Sie, dass Sie in letzter Zeit zu viel Alkohol getrunken haben und jeden Morgen mit Katerstimmung aufwachen? Verzichten Sie schon heute auf Alkohol! Ist es wieder an der Zeit, beim Zahnarzt vorbeizuschauen? Rufen Sie ihn jetzt gleich an! Wenn Sie unangenehme Dinge nicht heute erledigen, werden sie morgen sicher noch unangenehmer sein. Zu den ungelösten Problemen kommen außerdem immer neue hinzu – und ehe Sie sich's versehen, haben Sie die ganze wilde Elefantenherde am Hals …

86 »Ich bin – Licht«

Licht repräsentiert »Klarheit« und »Erkenntnis«; darum sprechen wir zum Beispiel davon, dass uns »ein Licht aufgeht«. Licht steht aber auch für »Weisheit«, und wer die höchste Weisheit erlangt hat, wird als »Erleuchteter« bezeichnet.

Der folgende kleine Ausflug zu Ihrer Seeleninsel lädt Sie dazu ein, Ihre »lichten Kräfte« zu stärken. Es geht darum, die Macht der Worte zu nutzen, um Ihr gesamtes Bewusstsein mit der Energie des Lichts zu durchdringen. Dies empfiehlt sich vor allem dann, wenn Ihr Geist verwirrt ist, wenn Sie nicht mehr wissen, wie es weitergehen soll, oder auch, wenn Ihnen düstere Stimmungen oder körperliche Beschwerden zu schaffen machen.

Setzen Sie sich entspannt und aufrecht auf den Boden oder auf einen Stuhl. Schließen Sie die Augen, lassen Sie Ihren Atem frei strömen und schalten Sie langsam von »Alltag« auf »Seeleninsel« um, indem Sie Ihre Gedanken und Gefühle zur Ruhe kommen lassen.

Pendeln Sie nun für einige Minuten immer wieder zwischen den Worten »ICH BIN – LICHT«. Denken Sie beim Einatmen »ICH BIN« – und beim Ausatmen »LICHT«. Sprechen Sie die Worte jedoch nicht wirklich aus, sondern wiederholen Sie sie innerlich. Jedes Mal, wenn Sie einatmen, denken Sie »ICH BIN« und jedes Mal, wenn Sie ausatmen, »LICHT«. Wiederholen Sie dies einfach so, als würden Sie ein Gebet oder ein Mantra sprechen. Strengen Sie sich nicht an, sondern lassen Sie nur die Energie der Worte auf Ihr Unterbewusstsein wirken.

Wenn Sie möchten, können Sie dabei Ihre Vorstellungskraft zu Hilfe nehmen: Stellen Sie sich vor, wie Ihr ganzer Körper und alle Ihre Zellen von heilendem Licht durchstrahlt werden. Lassen Sie das Licht dann auch in Ihre Gefühle und Gedanken strömen und genießen Sie dieses Gefühl ...

Beenden Sie die Übung, indem Sie tief durchatmen. Strecken Sie sich dann ausgiebig und öffnen Sie die Augen.

87 Einmal täglich »Tages(rück)schau«

Obwohl die folgende »Seeleninsel-Technik« nur wenige Minuten dauert, trägt sie doch in hohem Maße zur Selbsterkenntnis bei. Regelmäßig durchgeführt, trainiert sie das Gedächtnis und lässt Sie Ihren Alltag bald viel intensiver erleben. Insgesamt werden Sie sich Ihrer Gefühle, Gedanken und Stimmungen viel bewusster.

So einfach geht es: Nehmen Sie sich jeden Abend unmittelbar vor dem Einschlafen etwas Zeit, um den Tag bewusst zu beenden, indem Sie ihn noch einmal Revue passieren lassen. Legen Sie sich auf den Rücken, verschränken Sie die Arme im Nacken, entspannen Sie sich und schon kann die kleine Tages(rück)schau beginnen:

Lassen Sie den vergangenen Tag noch einmal im Schnelldurchlauf an sich vorüberziehen. Schauen Sie sich den Tag wie einen Film an, in dem Sie selbst die Hauptrolle spielen: Sehen Sie vor Ihrem inneren Auge, wie Sie aufgestanden sind, wie Sie sich angezogen und gefrühstückt haben, und gehen Sie so schrittweise von Szene zu Szene.

Anfangs genügt es, sich die wichtigsten Handlungen in Erinnerung zu rufen. Wie sahen Ihre Aufgaben aus, was taten Sie heute, welche Menschen haben Sie getroffen? Gehen Sie jede Situation kurz durch – vom Morgen über den Mittag und Nachmittag bis zum Abend. Erinnern Sie sich auch daran, was Sie zu anderen gesagt haben und was oder wie Sie sich gefühlt haben. Vertiefen Sie sich aber nicht in Situationen – registrieren Sie nur, was passiert ist und wie Sie darauf reagiert haben. Um Grübelei zu vermeiden, sollten Sie sich für jede Situation nur wenige Sekunden Zeit nehmen und dann zur nächsten weitergehen.

Akzeptieren Sie den Tag so, wie er war! Es geht nur darum, ihn sich nochmals bewusst zu machen, nicht darum, zu werten oder zu verurteilen. Beenden Sie die Übung, indem Sie mit dem »Film« schließlich dort ankommen, wo Sie sind: im Bett, entspannt und kurz vor dem Einschlafen ...

Save your Soul 88

Es gibt viele Gründe, sich auf seine Seeleninsel zurückzuziehen. Man kann sich dort entspannen, neue Kräfte tanken oder sich konstruktive Gedanken über die eigene Zukunft machen. Doch es gibt noch einen weiteren, wichtigen Grund dafür, sich regelmäßig Zeit für sich selbst zu nehmen, und der liegt in der Notwendigkeit, sich vor zerstörerischen Einflüssen zu schützen.

Auch wenn es Ihnen gut geht und Sie sich seelisch recht stabil fühlen – was wir sehr hoffen –, sollten Sie nicht vergessen, dass unser doch vorwiegend am Konsum orientiertes Leben, in dem traditionelle Werte mehr und mehr an Bedeutung verlieren, durchaus seine Gefahren birgt.

Stress, Mobbing, Leistungsdenken und eine einseitig am Materialismus orientierte Haltung wirken sich negativ auf unser inneres Gleichgewicht aus. Wenn Sie einen Blick auf die Statistiken werfen, werden Sie sehen, dass unsere psychiatrischen Kliniken noch nie »so gut besucht« waren, dass die Selbstmordrate noch nie so hoch, neurotische Störungen nie derart verbreitet, Schlaf- und Beruhigungsmittel nie so beliebt und die Drogen- und Alkoholsucht selten so alltäglich war wie in unseren Tagen. Offensichtlich entwickeln sich die Dinge auf unserem Planeten in einer Weise, die vor allem sensiblen Menschen gefährlich werden kann.

Hüten Sie sich selbst wie einen wertvollen Schatz! Tatsächlich sind Sie der größte Schatz, den Sie haben ... Eine gute Möglichkeit, sich zu schützen, besteht darin, sanft zu sich selbst zu sein. Der Taomeister Liä-Dsi fasst dies so zusammen: »Handle bewusst. Sei mäßig im Essen und Trinken. Schütze deinen Körper vor äußeren Einflüssen, indem du ihn gut hütest. Schütze dich auch innerlich, indem du gesammelt bleibst. Vermeide Exzesse und bringe Spannung und Entspannung in ein Gleichgewicht. Lasse Ruhe und Klarheit die vorherrschenden Qualitäten sein und pflege Heiterkeit und Gelassenheit.«

Nicht zu geschäftig

89

Wenn Sie in sehr viele Aktivitäten verstrickt sind, wird es schwierig für Sie, innere Klarheit zu erlangen. Je mehr Sie erledigen müssen, desto wahrscheinlicher wird Ihr Geist sich zerstreuen und den Blick für das Wesentliche verlieren.

Natürlich müssen wir alle beruflichen, familiären und gesellschaftlichen Pflichten nachgehen, müssen Steuererklärungen abgeben, den Rasen mähen, bügeln und kochen. Die Gefahr, in Hektik zu geraten, ist schon groß, doch sie wächst noch, wenn wir uns auf Freizeitstress einlassen. Wer seine freie Zeit mit Terminen füllt, in drei verschiedene Vereine geht, keine Party auslassen kann und sich auch noch mit Leuten trifft, die ihm nicht sonderlich am Herzen liegen, entfernt sich immer weiter von seinen wirklichen Bedürfnissen. Werfen Sie daher Ballast ab, indem Sie gut auf Ihre Zeit aufpassen. Tun Sie, was getan werden muss, und basta! Unnötige Aktivitäten erkennen Sie daran:

- dass sie Ihnen nicht wirklich wichtig sind;
- dass Sie sich dazu verpflichtet fühlen, ohne Lust dazu zu haben;
- dass sie Ihnen Energie rauben, statt Ihnen neue Kraft zu schenken.

Es ist sehr befreiend, nur so viel zu besitzen, wie man wirklich braucht. Und ebenso befreiend ist es, nur das zu tun, was wirklich getan werden muss, um sich wohl fühlen und seine Ziele verwirklichen zu können.

Es kann sehr aufschlussreich sein, einmal ein »Zeit-Tagebuch« zu führen. Schreiben Sie auf, wie viel Zeit Sie wofür brauchen: Wie viel Zeit opfern Sie täglich für Ihren Beruf, wie viel für alltägliche Erledigungen und wie viel für gesellschaftliche Verpflichtungen? Haben

Sie noch genug Zeit für die schönen Dinge – Zeit zum Genießen, zum Nichtstun, Zeit, um über sich selbst nachzudenken und Ihre Seeleninsel zu erkunden? Wenn nicht, sollten Sie Zeiteinsparungs-Maßnahmen ergreifen: Widmen Sie sich von Tag zu Tag immer mehr den Dingen, auf die es Ihnen wirklich ankommt, und fangen Sie noch heute damit an!

90 Den Atem zählen

Die Gedanken zur Ruhe zu bringen, ist das Ziel jeder Meditation. Doch warum sollten Sie Ihre Gedanken überhaupt kontrollieren, statt sie frei fließen zu lassen? Ganz einfach: Wenn Sie nicht zum Herrscher über Ihre Gedanken und Stimmungen werden, werden diese zum Herrscher über Sie! Wollen Sie es dem Zufall überlassen, ob Sie sich gut oder miserabel fühlen, ob Sie von Furcht beherrscht werden oder ob Sie voller Vertrauen leben können? Wenn nicht, so denken Sie daran, dass Sie durchaus Gestaltungsmöglichkeiten haben!

Ein chinesisches Sprichwort lautet: »Dass die Vögel der Sorge und des Kummers über deinem Haupte fliegen, kannst du nicht ändern. Aber dass sie Nester in deinem Haar bauen, das kannst du verhindern.«

Indem Sie lernen, innerlich ruhig zu werden, verhindern Sie, dass die Sorgenvögel sich bei Ihnen einnisten. Die folgende kleine Technik stärkt Ihr Konzentrationsvermögen, vertreibt Müdigkeit und bringt Licht in Ihren Geist:

Setzen Sie sich auf einen Stuhl, schließen Sie die Augen und lassen Sie den Atem frei strömen. Konzentrieren Sie sich die nächsten Minuten ganz darauf, Ihren Atem zu zählen. Zählen Sie immer wieder von »Eins« bis »Zehn«, und zwar folgendermaßen: Atmen Sie ein und stellen Sie sich dabei die Ziffer »Eins« vor – zum Beispiel als eine große schwarze 1 auf weißer Leinwand – atmen Sie aus und bleiben Sie bei diesem Bild. Beim nächsten Ein- und Ausatmen visualisieren Sie eine 2, beim dritten Atemzug eine 3 usw. Wenn Sie bei der 10 angelangt sind, beginnen Sie von vorn.

Allerdings: Sobald Sie merken, dass sich zwischendurch Gedanken einschleichen, die nichts mit der Übung zu tun haben, beginnen Sie sofort wieder bei 1! Sie werden merken, wie schwer es ist, überhaupt je bei 10 anzukommen, ohne dass dabei andere Gedanken auftauchen. Sie glauben nicht, dass das schwierig ist? Probieren Sie es aus ...

Licht in die Gedanken bringen 91

Jeder Gedanke strebt nach Verwirklichung und wirkt sich auf unsere Stimmungen aus. Gedanken, die häufig gedacht werden, bilden Neigungen und Gewohnheiten und nicht zuletzt unseren Charakter. Hirnforscher entdeckten, dass verschiedene Gedanken von verschiedenen Hirnstrukturen gesteuert werden. Je häufiger negative, angstauslösende oder deprimierende Gedanken gedacht werden, desto stärker werden die entsprechenden Hirnstrukturen entwickelt und gefestigt. Aus Gedanken entstehen also auch auf physiologischer Ebene Denkgewohnheiten – doch Gewohnheiten lassen sich ändern ...

Sie können sich natürlich von pessimistischen, destruktiven Gedanken, die nicht zuletzt auch über die Medien verbreitet werden, bestimmen lassen. Oder Sie entscheiden sich, sich lieber den »lichten Kräften« zuzuwenden. Wenn Sie Klarheit, Heiterkeit und Seelenfrieden wollen, sollten Sie Ihren »geistigen Garten« pflegen und geistiges Unkraut in Form negativer Gedanken regelmäßig jäten. Buddha sagte: » ... gut ist es, die Gedanken zu meistern, gut, sich selbst zu beherrschen. Wer Herr ist seiner selbst, wird von allen Leiden befreit.«

Konzentrieren Sie sich darauf, positive, glücksbejahende und aufbauende Gedanken zu pflegen. Versuchen Sie, aus jeder Situation das Beste zu machen, und entwickeln Sie »lichtvolle« Qualitäten wie Vertrauen, Heiterkeit, Gelassenheit und Humor, indem Sie entsprechend denken und handeln. Machen Sie sich beim Spazierengehen bewusst, wie gut Ihrem Körper die Bewegung tut. Stellen Sie sich beim Essen vor, wie Sie neue Energie aufnehmen. Genießen Sie all jene Momente, in denen Sie Freunde treffen, Ihren Interessen nachgehen oder sich Zeit für sich selbst nehmen können, in Dankbarkeit.

Wenn Sie Ihren Geist in dieser Weise pflegen, werden Sie schnell positive Veränderungen in Ihrem Leben bemerken – wie von Geisterhand werden sich die Dinge immer mehr zu Ihren Gunsten entwickeln.

»Achtsam sein ist alles« oder Buddhas Tipp (2) 92

Der »edle Pfad der Achtsamkeit« ist ein effektiver Weg zu Gelassenheit, Heiterkeit und Klarheit. Buddha sagte: »Es gibt für den Menschen eine Methode, die wunderbar hilfreich ist, um sich zu reinigen, Sorgen und Leid zu überwinden, Ängste loszuwerden, den richtigen Weg zu finden und die höchste Erkenntnis zu gewinnen. Es ist dies die Methode der Achtsamkeit.«

Achtsam zu sein bedeutet, ganz im »Hier und Jetzt« zu sein, sich auf das zu konzentrieren, was sich in diesem Moment (innerlich oder äußerlich) ereignet. Der Weg der Achtsamkeit ist eine Einladung, jetzt zu leben und seinen Geist von Sorgen, Ängsten und Grübeleien zu befreien. Dies hatte wohl auch Friedrich Rückert im Sinn, als er schrieb: »Aufmerksamkeit, mein Sohn, ist, was ich dir empfehle; bei dem, wobei du bist, zu sein mit ganzer Seele.« Es gibt viele Möglichkeiten, sich im Alltag durch die Methode der Achtsamkeit zu sammeln:

Richten Sie die Achtsamkeit auf Ihren Körper

Wie fühlt sich Ihr Körper an? Sind die Muskeln entspannt oder hart? Ist Ihnen kalt oder warm? Liegen, sitzen oder gehen Sie? Werden Sie sich Ihres Körpers bewusst!

Richten Sie die Achtsamkeit auf Ihren Atem

Atmen Sie tief oder flach, schnell oder langsam? Beobachten Sie, wie der Atem kommt und geht. Entspannen Sie sich beim Einatmen, entspannen Sie sich beim Ausatmen.

Richten Sie die Achtsamkeit auf Ihre Gefühle

Bei angenehmen Empfindungen sagen Sie sich: »Meine Empfindungen sind angenehm«, bei unangenehmen: »Ich habe unangenehme Empfindungen.« Beobachten Sie Ihre jeweiligen Stimmungen ganz neutral. Freude, Angst, Zufriedenheit, Unzufriedenheit – was immer es ist, beobachten Sie es entspannt, ohne sich davon mitreißen zu lassen.

Richten Sie die Achtsamkeit auf Ihre Tätigkeiten

Konzentrieren Sie sich ganz auf das, was Sie tun. Üben Sie Achtsamkeit beim Einkaufen, beim Autofahren, bei der Arbeit, beim Joggen oder wenn Sie sich Ihre Schuhe anziehen, bei jedem Tun.

93 Entscheidungen treffen, die Ihr Leben ändern

Ob Sie zufrieden oder unzufrieden sind, ob Sie sich Ihre Wünsche erfüllen oder nicht und ob Sie Ihr Potenzial entwickeln oder Ihre Begabungen brachliegen lassen – all das hängt davon ab, ob Sie die richtigen Entscheidungen treffen.

Ihre Entscheidungen bestimmen die Richtung, in die Sie sich bewegen. Schon eine einzige bewusste Entscheidung kann genügen, um sich von Ballast zu befreien und intensiver zu leben! Durch kraftvolle Entscheidungen können Sie mit allem aufräumen, was Sie unzufrieden macht. Wollten Sie schon längst mit dem Rauchen aufhören, weniger essen oder auf Alkohol verzichten? Möchten Sie Ihren Job wechseln oder eine Sprache lernen? Oder würden Sie gern einige Kilo weniger wiegen und abends zum Joggen gehen statt fernzusehen?

Was auch immer Ihrer Entwicklung im Weg steht – Sie können sich davon befreien, indem Sie sich wirklich dafür entscheiden, etwas zu ändern. Erfolgreiche Menschen haben starke »Entscheidungsmuskeln«, da sie schon oft energische Entscheidungen getroffen haben. Doch jeder kann seine Entscheidungskraft und sein Durchsetzungsvermögen trainieren, wenn er einige Punkte beachtet:

1. Machen Sie sich bewusst, was Ihnen wirklich wichtig ist. Setzen Sie Prioritäten und lassen Sie sich nicht von unwichtigen Dingen ablenken!
2. Richten Sie Ihre ganze Aufmerksamkeit auf das, was Sie (ändern) wollen!
3. Überlegen Sie konkrete Schritte, die nötig sind, um Ihr Ziel zu erreichen!

4. Lassen Sie keine verschwommenen Formulierungen zu; sagen Sie nicht: »Ich würde ja gerne, aber ...«, »Es wäre schön, wenn ...« oder »Eigentlich sollte ich ja ...«. Sagen Sie klipp und klar: »Ich werde das jetzt tun!« oder: »Ab sofort höre ich damit auf!«
5. Treffen Sie wichtige Entscheidungen sofort – schieben Sie sie keinen Tag länger auf. Wenn Sie Entscheidungen verschieben, zeigt das nur, dass Sie sich nicht wirklich mit Kopf und Bauch entschieden haben.

94 »Stop!«

Erkenntnis und Klarheit können wir nur erlangen, wenn wir uns ab und zu Zeit nehmen, um uns selbst in Frage zu stellen. »In Frage stellen« heißt in diesem Fall nicht, sich selbst zu kritisieren, sondern es bedeutet, dass wir uns überlegen sollten, ob wir noch auf dem richtigen Weg sind.

Sind Sie zufrieden und ausgeglichen? Bewegen Sie sich in die richtige Richtung? Kommen Sie Ihren Zielen näher? Oder tun Sie Dinge, die Sie besser aufgeben sollten? Diese wichtigen Fragen können Sie nur beantworten, wenn Sie zwischendurch innehalten und zu sich kommen. Die Stop-Übung eignet sich hierfür sehr gut: Unterbrechen Sie alltägliche, mechanische Handlungen, die Sie von morgens bis abends auf Trab halten. Wann immer Sie einmal daran denken, sollten Sie mitten im Alltag innerlich »STOP!« sagen und die Tätigkeit, der Sie gerade nachgehen, sofort unterbrechen. Frieren

Sie die Bewegungen für einige Sekunden ein, als hätte eine Hexe Sie mit einem Bann belegt.

(Natürlich können Sie die Stop-Übung nicht überall ausführen: Wenn Sie in der Fußgängerzone plötzlich wie versteinert stehen bleiben, werden Sie viel Verwunderung ernten. Beim Autofahren, Bügeln oder Kochen sollten Sie natürlich auch von der Übung absehen. Doch es bleiben noch genug Möglichkeiten: beim Zähneputzen, Staubsaugen, wenn Sie durch Ihre Wohnung gehen, etwas in den Computer eintippen, essen, ein Buch lesen usw.)

Sobald Sie »STOP!« gesagt und sich bei dem, was Sie gerade tun, unterbrochen haben, sollten Sie sich einige Fragen stellen: »Was mache ich hier?« »Wozu dient diese Tätigkeit?« »Ist sie notwendig und sinnvoll?« »Wie ist meine Körperhaltung?« »Sind meine Muskeln entspannt?« »Bin ich in Hektik oder lasse ich mir Zeit?« »Sollte ich lieber etwas tun, was mich mehr befriedigt?«

Die Stop-Übung ist nicht nur recht unterhaltsam, Sie hilft Ihnen auch, körperliche und seelische Fehlhaltungen aufzuspüren und Ihren Kurs zu korrigieren.

95 Sieben Schritte auf dem Weg zum Ziel

Der folgende Ausflug beflügelt Sie und hilft Ihnen, Ihre Träume zu verwirklichen! Durch ihn können Sie herausfinden, welche Ziele wirklich zu Ihnen passen. Die Technik stammt aus dem NLP, einer modernen Erfolgsstrategie. Sieben Schritte führen Sie zu einem klaren Ziel.

Schritt 1: »Was ist das Ziel?«

Definieren Sie Ihr Ziel konkret und positiv. Setzen Sie einen Zeitrahmen fest und achten Sie darauf, dass Ihr Ziel durch eigene Kompetenz zu verwirklichen ist, es also nicht vom guten Willen anderer Menschen oder vom Zufall abhängt.

Schritt 2: »Welche Werte verwirklicht das Ziel?«

Überprüfen Sie, ob Ihr Ziel mit Ihren inneren Werten übereinstimmt. Wenn nicht, wird es schwierig werden, es zu erreichen (siehe Kurztrip 84).

Schritt 3: »Wie werde ich merken, dass ich mein Ziel erreicht habe?«

Damit Ihr Ziel absolut klar in Ihrem Bewusstsein und Unterbewusstsein verankert wird, sollten Sie Ihre Fantasie einsetzen: Welche Aktivitäten werden Sie genau ausführen, wenn Sie Ihren Traum verwirklicht haben? Was tun Sie, was sehen, hören und vor allem was *empfinden* Sie, wenn Sie an Ihrem Ziel sind?

Schritt 4: »Was hat sich durch das Erreichen des Zieles im Leben verändert?«

Ein Ziel lohnt sich nur, wenn es etwas in Ihrem Leben verändert. Denken Sie darüber nach, was sich verändert haben wird, wenn Sie Ihr Ziel erreicht haben. Konsumziele ändern beispielsweise oft recht wenig. Ein neuer Fernseher oder ein schickeres Auto bringt kurzfristig Spaß, ändert aber kaum Ihr Lebensgefühl.

Schritt 5: »Was ginge durch das Erreichen des Zieles eventuell verloren?«

Hat das Erreichen Ihres Zieles eventuell auch negative Konsequenzen? Was müssten Sie aufgeben, wenn Sie Ihr Ziel verfolgen? Wenn Sie jetzt die Frage beantworten, wie die Schattenseite Ihres Zieles aussehen könnte, werden Sie nicht auf halber Strecke stecken bleiben. Überlegen Sie sich deshalb mindestens zwei negative Konsequenzen und überprüfen Sie, ob Sie gut damit klarkommen.

Schritt 6: »Welche Ressourcen sind zum Erreichen des Zieles nötig?«

Welche Fähigkeiten, Kräfte und Energien brauchen Sie, um Ihr Ziel zu erreichen? Vergegenwärtigen Sie sich Ihre positiven Erfahrungen, die Sie schon auf anderen Gebieten gesammelt haben, und machen Sie sich bewusst, dass Sie diese Fähigkeiten und Energien früher schon einmal benutzt haben.

Schritt 7: »Was hält mich davon ab, mich jetzt sofort auf den Weg zu machen?«

Diese letzte Frage zeigt, ob Sie wirklich bereit sind, Ihr Ziel zu verwirklichen, oder ob noch etwas zu klären ist. Vielleicht ist Ihnen im Verlauf dieser Methode der Zieldefinition bewusst geworden, dass das Ziel doch nicht zu Ihnen passt – dann sollten Sie neue Pläne schmieden. Vielleicht fehlt Ihnen aber auch nur das konkrete Gefühl dafür, wie schön es wäre, wenn Sie sich Ihre Träume einmal erfüllt haben. Dann sollten Sie diesen Schritt nochmals vertiefen (*Schritt* 3). Genauso gut ist es aber auch möglich, dass Ihnen jetzt nichts mehr im Wege steht und Sie nun handeln sollten.

Denken Sie daran, dass jeder einzelne der sieben Schritte notwendig ist! Nur wenn Sie keinen Schritt dieser »7 Schritte auf dem Weg zum Ziel« auslassen, werden Sie die starke Motivation entwickeln, die Sie brauchen, um sich erfolgsorientiert und mit Begeisterung auf den Weg zu Ihrem Ziel zu machen. Wenn Sie mit Begeisterung auf ein klares Ziel zusteuern – was könnte Sie dann noch aufhalten?

96 *Die Gedanken kommen und gehen*

Die direkteste Methode, Klarheit zu entwickeln und sich auf das Wesentliche zu konzentrieren, ist die Meditation. Es gibt viele Arten der Meditation, doch der Sinn dabei ist immer, zur Ruhe zu kommen und in seine Mitte zurückzukehren. In der Meditation verlangsamen sich die Gehirnwellen, Puls und Atmung werden ruhiger, Stress wird abgebaut, das Immunsystem aktiviert – Körper und Seele werden also von heilenden Kräften durchdrungen.

Die Frage ist nur: Wie meditiert man überhaupt? Zum Beispiel einfach dadurch, dass man seine Gedanken beobachtet. Der Tao-Meister Zhiang sagte: »Richte deinen konzentrierten Blick nach innen. Stellst du fest, dass ein Gedanke auftaucht, gehe nicht auf ihn ein, führe ihn nicht fort. Lasse jeden emporsteigenden Gedanken sogleich wieder los, dann wird friedvolle Stille einkehren ...«

Wählen Sie einen Sitz, in dem Sie einige Zeit bequem sitzen können. Halten Sie den Rücken gerade, schließen Sie die Augen, entspannen Sie die Muskeln und lassen Sie den Atem frei fließen. Lenken Sie Ihre Konzentration dann auf das, was in Ihrem Geist vor sich geht:

Beobachten Sie Ihre Gedanken. Die Gedanken werden im Yoga mit Wellen auf dem Ozean verglichen. Solange Wellengang herrscht, können Sie nicht in die Tiefe blicken. Welche Gedanken werden Ihnen bewusst? Tauchen Erinnerungen auf? Denken Sie an etwas, das Sie noch erledigen müssen?

Die geistigen Wellenbewegungen können sich um Zukunft, Vergangenheit, Menschen, Sorgen, Hoffnungen usw. drehen. Es können einzelne Bilder, Melodien, Körperempfindungen oder ganze Selbstgespräche auftauchen. Was es auch sei – beobachten Sie es entspannt und gelassen. Die Gedanken kommen, die Gedanken gehen – wie Wolken, die am Himmel ziehen. Und allein dadurch, dass Sie beobachten, wie Ihre Gedanken auftauchen und wieder verschwinden, kehrt allmählich eine wohltuende, reinigende Stille in Ihren Geist ein ...

97 Heilendes Licht visualisieren

Visualisierungstechniken trainieren unsere natürliche Fähigkeit, innere Bilder zu erzeugen und sie für unser Wohlbefinden einzusetzen. Schamanen verschiedener Kulturen, tibetische Heiler, aber auch moderne Therapeuten wie O. Carl Simonton arbeiten erfolgreich mit Visualisierungen. Die folgende tibetische Technik ändert Ihre körperlichen, mentalen und emotionalen Grundmuster. Gesundheit, seelischer Frieden und geistige Klarheit werden auf diese Weise gefördert.

Sitzen Sie aufrecht, schließen Sie die Augen und atmen Sie entspannt. Lenken Sie Ihre Aufmerksamkeit zu Ihrem »Dritten Auge« – es liegt mitten in Ihrer Stirn, etwa zwei Finger breit über der Nase. Stellen Sie sich vor, wie heilendes Licht aus dem Kosmos in Ihr Stirnzentrum strömt: Nehmen Sie mit jedem Einatmen Lichtenergie durch das dritte Auge auf und lassen Sie es mit dem Ausatmen in den ganzen Körper strömen. Sie können das Licht als weißen oder hellblauen Lichtstrahl visualisieren.

Stellen Sie sich vor, wie Ihr ganzer Körper sich allmählich mit Licht auflädt, wie alle Ihre Zellen von Licht erfüllt sind – Ihr Blut, Ihre Knochen, Ihre Organe, ihre Haut – Ihr ganzer Körper wird gereinigt und mit Lebensenergie aufgeladen.

Nehmen Sie mit dem Einatmen weiterhin Licht aus dem Kosmos auf und lassen Sie es von Ihrem dritten Auge aus in Ihre Gefühle strahlen. Stellen Sie sich vor, wie Dunkelheit, Schmerz, Ängste und alle düsteren Gefühle und Gedanken dem Licht weichen müssen. Visualisieren Sie schließlich eine strahlende Aura, die Ihren Körper und Ihre Seele umgibt. Stellen Sie sich vor, dass diese lichte Aura negative Einflüsse von außen abwehrt, während sie es Ihnen gleichzeitig ermöglicht, lichte Kräfte nach außen strahlen zu lassen.

Um die Übung zu beenden, spüren Sie kurz das Gewicht Ihres Körpers. Atmen Sie dann einige Male tief durch, strecken Sie die Arme nach oben und öffnen Sie schließlich die Augen.

Fastenkur für einen vollen Geist

98

Fasten ist sehr gesund. Wenn Sie ein paar Tage auf Nahrung verzichten, wird Ihr ganzer Körper von Giftstoffen befreit. Durch Fasten können Sie sogar auf Ihre Seeleninsel reisen und Ihre innere Balance pflegen. Und dabei können Sie sogar essen, soviel Sie wollen, denn hier geht es darum, geistig zu fasten.

Leider ist die geistige Nahrung, die wir uns täglich zuführen, für unsere Seele oft ebenso schädlich wie Fast Food und Konservenkost für den Körper. Es ist daher sehr empfehlenswert, auch seinen Geist einmal zu reinigen. Geistige Schlacken entstehen durch vielerlei Reize, etwa überflüssige Informationen, Lärm, Massenmedien usw. »Die vielen Farben machen das Auge blind, die vielen Töne machen die Ohren taub«, sagte Laotse. Wenn Sie wieder zum Wesentlichen finden wollen und Ihre Sinne erfrischen möchten, ist eine kleine Fastenkur für den Geist ein ideales Mittel:

Nehmen Sie sich mindestens einen Tag Zeit – es sollte ein Urlaubstag oder ein Sonntag sein. Führen Sie an diesem Tag die geistige Fastenkur durch:

1. Ziehen Sie den Telefonstecker und schalten Sie das Handy aus.
2. Rühren Sie weder Fernseher noch Radio an.
3. Lassen Sie Ihren Computer ausgeschaltet und surfen Sie nicht durchs Internet.
4. Verzichten Sie heute darauf, Zeitungen oder Zeitschriften zu lesen.
5. Gehen Sie heute nicht ins Kino.

Stattdessen können Sie alles tun, was Ihrer Seele gut tut, zum Beispiel:

- körperlich aktiv werden, Rad fahren, Spaziergänge machen usw.
- nichts tun, tagträumen, sich entspannen und meditieren
- ein Märchen lesen, ein Bad nehmen, in die Sauna gehen
- Tagebuch schreiben, Briefe schreiben (keine E-Mails!)
- Freunde treffen

Weisheit aus dem Reich der Träume

99

Jede Nacht treten wir in eine farbige, innere Welt ein, die uns sehr viel über uns selbst verrät und uns sogar hilft, Probleme zu lösen – in das Reich unserer Träume. In alten Kulturen wurden Träume oft genutzt, um tiefe Erkenntnisse zu gewinnen und Heilprozesse auszulösen. Heute beachten leider nur noch wenige Menschen die Botschaften Ihrer Träume.

Die Schlafforschung konnte nachweisen, dass jeder Mensch etwa 20% seines Schlafes damit verbringt, zu träumen. Da Träume Ihnen viel über sich selbst verraten, sollten Sie sich aktiv mit ihnen beschäftigen. Sie können lernen, sich an Ihre Träume zu erinnern. »Traumarbeit« ist jedoch alles andere als »Arbeit«, es ist eine spannende und faszinierende Methode, um die Weisheit des Unterbewusstseins zu erkunden und die Intuition zu trainieren. Wenn Sie die Weisheit der Träume nutzen wollen, gilt es, einiges zu beachten:

- Bitten Sie Ihr »Unterbewusstsein«, Ihren »inneren Heiler« oder wie auch immer Sie die Quelle Ihrer inneren Weisheit nennen wollen darum, Ihnen hilfreiche Träume zu schenken. Wenn Sie Schwierigkeiten mit einem Menschen oder einer Situation haben, wenn Sie nicht wissen, wie Sie sich entscheiden sollen, oder eine Antwort auf eine Frage suchen, können Sie Rat durch Ihre Träume erhalten.
- Machen Sie sich bewusst, dass Sie jede Nacht träumen und dass Träume wertvolle Schätze sind, die Ihre Beachtung verdienen. Allein schon dadurch, dass Sie sich *vornehmen*, sich an Ihre Träume zu erinnern, werden mit der Zeit immer lebendigere Traumbilder auftauchen.

- Bleiben Sie nach dem Aufwachen noch kurz im Bett liegen und versuchen Sie ganz entspannt, sich die Bilder Ihres Traumes in Erinnerung zu rufen.
- Führen Sie ein Traumtagebuch. Notieren Sie nach dem Aufwachen kurz, welche Bilder, Situationen, Menschen und Gestalten in Ihrem Traum aufgetaucht sind.

Träume deuten

Träume treten über das Unterbewusstsein mit dem Bewusstsein in Kontakt, um Ihnen etwas mitzuteilen. Sie müssen kein Experte sein, um Ihre Träume zu deuten. Alles Wissen, das Sie dafür brauchen, liegt bereits in Ihnen; nur Sie selbst können herausfinden, was Ihr Traum Ihnen sagen will.
Es gibt jedoch einige wesentliche Punkte, die für das Verständnis und die Deutung von Träumen hilfreich sein können:

- Träume erzählen Ihnen etwas über Ihr Selbst. Nur wenn Sie Ihre Träume ernst nehmen und ihnen Aufmerksamkeit schenken, nur wenn Sie ihnen wirklich zuhören, werden Sie sie verstehen. Sie brauchen dazu keine Traumlexika mit symbolischen Bedeutungen zu durchsuchen.
- Suchen Sie immer nach der naheliegendsten, einfachsten Lösung. Das, was Ihnen ganz spontan einfällt, Ihr erster Eindruck, trifft am ehesten den Kern. Fragen Sie sich, inwiefern die spontane, intuitive Deutung bereits eine ausreichende Antwort auf Ihr Problem bietet.
- Beachten Sie ganz besonders die Gefühle, die Sie im Traum erleben. Versuchen Sie außerdem, den Zusammenhang zwischen Ihrem Traum und aktuel-

len Ereignissen zu erkennen. Oft wird in Träumen weiterverarbeitet, was Sie kürzlich erlebt haben. Manchmal tauchen dabei Gefühle auf, die Sie während des Tages verdrängt haben.
- Falls Sie keinen Bezug zu aktuellen Situationen herstellen können, sollten Sie sich fragen, ob Ihre Träume Sie auf tief verwurzelte Bedürfnisse und Wünsche aufmerksam machen wollen und Sie dazu einladen, Ihr Potenzial besser auszuschöpfen.

Jeder Traum kann eine Reise zu Ihrer Seeleninsel sein – eine Reise, die es Ihnen ermöglicht, Probleme zu lösen, sich selbst auf einer höheren Ebene kennen zu lernen, und die dabei noch nicht einmal etwas kostet, außer ein wenig Zeit und Achtsamkeit.

Bewusst in den Alltag zurückkehren

Es gibt zahlreiche Gelegenheiten, sich auch mitten im Alltag immer wieder einmal eine Auszeit zu nehmen – sei es, um abzuschalten, neue Energien zu tanken oder sich von Stress zu befreien. Mit den *99 Kurztrips nach innen* haben Sie viele dieser Möglichkeiten kennen gelernt, aber sicher werden Sie noch andere Wege finden. Welchen Weg Sie wählen, um wieder ein Stück mehr bei sich selbst anzukommen, ist Ihre freie Entscheidung.

Nur Sie selbst können herausfinden, welche Route Sie am schnellsten ans Ziel bringt. Während für den einen vielleicht Tagebuchnotizen wichtig sind oder er versucht, sich lohnende Ziele bewusst zu machen, um mehr Klarheit in sein Leben zu bringen, mag ein anderer lieber gemütlich auf dem Sofa liegen, eine Kurzgeschichte lesen, Oliven essen und sich entspannen, indem er alle viere von sich streckt. Manche Menschen schwören auf bewährte Entspannungsmethoden wie beispielsweise die Yoga-Tiefenentspannung, während andere es vorziehen, mit Atem- oder Visualisierungsübungen zum Wesentlichen – zu sich selbst – zurückzukehren.

Doch welche Reise auf Ihre Seeleninsel Sie auch wählen – wie jede Reise wird sie irgendwann enden. Schließlich können Sie nicht ewig im Rosenölbad sitzen. So wohltuend dies auch sein mag – es kommt die Zeit, wo Sie aus der Badewanne steigen und in den Alltag zurückkehren. Wer aber aus einem Zustand tiefer Entspannung wieder in das weltliche Getriebe eintauchen muss, der kann schon mal einen leichten Jetlag davontragen, wenn er keine Vorkehrungen trifft. Um

Schwierigkeiten bei der Umstellung vom »meditativen« zum »alltäglichen« Bewusstsein zu vermeiden, gibt es zwei Möglichkeiten:

1. Kehren Sie sanft und bewusst in den Alltag zurück. Machen Sie sich das Ziel von Entspannungs- und Meditationstechniken klar – diese Übungen sind nicht als Weltflucht gedacht, sondern sie helfen Ihnen, wieder in Balance zu kommen. Damit der Übergang gut gelingt, sollten Sie sich genug Zeit nehmen.
   Lassen Sie jede Reise nach innen grundsätzlich langsam ausklingen. Nach Visualisierungs-, Entspannungs- oder Meditationsübungen sollten Sie also nicht gleich zum Telefon stürzen, sondern Ihren Körper durchstrecken und ausschütteln, um dann allmählich wieder zu den alltäglichen Handlungen überzugehen.
2. Die noch bessere Möglichkeit, die Landung zu erleichtern, besteht darin, immer weniger zwischen »Alltag« und »Entspannung« zu unterscheiden. Stattdessen können Sie versuchen, die Erfahrungen, die Sie beispielsweise in Stilleübungen gemacht haben, in den Alltag mit hinüberzutragen.
   Am schönsten wäre es ja, wenn Sie Stress, Erschöpfung und Kraftlosigkeit für immer Lebwohl sagen könnten. So viel Gelassenheit zu entwickeln, dass selbst ein prall gefüllter Terminkalender Sie nicht mehr aus der Ruhe bringen kann, ist zwar nicht leicht, aber durchaus möglich. Der Trick besteht darin, auch im Alltag immer »mit einem Fuß auf Ihrer Seeleninsel stehen zu bleiben«. Dies gelingt aber nur, wenn Sie sich regelmäßig Zeit gönnen, um den Kontakt nach innen aufzunehmen und sich mit Ihrer Kraftquelle zu verbinden.

Nehmen Sie ein Souvenir mit

Ein persisches Sprichwort lautet: »Das Beste, was man von einer Reise mit nach Hause bringen kann, ist die eigene heile Haut.« Auch für die Ausflüge auf Ihre Seeleninsel trifft dies zu – hier ist die Rückkehr mit heiler Haut sogar garantiert. Aber natürlich können Sie darüber hinaus ruhig noch etwas anderes aus Ihrem »Kurzurlaub« mit nach Hause nehmen – ein Souvenir zum Beispiel.

Souvenirs sind eine schöne Sache: Ein Andenken, das typisch für die Gegend ist, aus der Sie kommen, wird Sie schnell wieder an das Erlebte erinnern und angenehme Gefühle wecken. Von Ihrer Seeleninsel können Sie zwar keine Mozartkugeln mit nach Hause bringen, aber es gibt andere Souvenirs, mit denen Sie sich selbst oder Ihre Freunde erfreuen werden: beispielsweise ein bisschen mehr Ruhe und Ausgeglichenheit, eine Spur mehr Gelassenheit oder ein kleines Lächeln auf Ihren Lippen.

So wichtig es ist, sich regelmäßig in die Stille zurückzuziehen, so wichtig ist es auch, die Erfahrungen der Entspannung und der inneren Ruhe mit in den Alltag zu nehmen. Damit schützen und stärken Sie nicht nur sich selbst, sondern Sie können auch den Menschen, mit denen Sie es täglich zu tun haben, etwas mehr Kraft, Mitgefühl oder Freude schenken.

Und das ist sicher das schönste Souvenir, das Sie von Ihrer Reise auf die Seeleninsel mit nach Hause bringen können ...

Literaturtipps: Bücher für die Seele

Carlson, R. : *Alles kein Problem*. Knaur, München 1998

Diamond, J.: *Der Körper lügt nicht.* VAK, Freiburg [12]1995

Dürckheim, K.G.: *Vom doppelten Ursprung des Menschen*. Herder, Freiburg [16]2001

Govinda, K.: *Atlas der Chakras*. Ludwig, München [8]1999

Grabbe, D.: *Move & Relax*. Südwest, München 2002

Hay, L.: *Gesundheit für Körper und Seele*. Heyne, München [3]2000

Herrigel, E.: *Zen in der Kunst des Bogenschießens*. O.W. Barth, Bern, [21]1983

Kornfield, J.: *Die Lehren des Buddhas*. Knaur, München [2]2002

Niven, D.: *Die 100 Geheimnisse glücklicher Menschen*. Ludwig, München 2000

Schmidt, K.O.: *Wie konzentriere ich mich?* Drei Eichen, Ergolding 1991

Schwarz, A./Schweppe, R.: *Das Mandala der Liebe*. Bauer, Freiburg 2001

Schwarz, A./Schweppe, R.: *Anleitung zum Philosophieren*. Herbig, München 2002

Schwarz, A./Schweppe, R.: *Licht für die Seele*. Gräfe & Unzer, München [4]2002

Schwarz, A./Schweppe, R.: *Mit Musik heilen*. Südwest, München 2000

Schwarz, A./Schweppe, R.: *Hypnose*. Südwest, München [3]2001

Schwarz, A./Schweppe, R.: *Praxisbuch NLP*. Südwest, München 2000

Schwarz, A./Schweppe, R.: *Tao*. Ludwig, München 2001

Thondup, T.: *Die heilende Kraft des Geistes*. Knaur, München [3]2001

Vienne, V./Lennard, E.: *Die Kunst, nichts zu tun*. Scherz, Bern 2000

Die 99 Kurztrips von A bis Z